多数派の
専横を防ぐ

意思決定理論と EBPM

郡山幸雄　宮木幸一

YUKIO KORIYAMA　KOICHI MIYAKI

日本経済新聞出版

まえがき

　Tyranny of the majority（多数派の専横、数の暴力とも）という言葉があります。多数派が、多数派であることそのものを理由に自らの意見を過剰に正当化して少数派の意見を排除したり弾圧したりする危険性を指します。多数派だからいいじゃないか、民主主義とはそういうものだ、となんとなく納得していませんか。

　そんなことはありません。

　多数派が少数派を迫害する危険性については、近代民主主義の概念が発展した当初から議論されています。18世紀、ルソーは『社会契約論』の中で、人民が投票を通して行うのは多数による拘束ではなく過半数の中に存する一般意志の表明であると論じました。アメリカ新大陸において理想の民主国家設立を目指した「建国の父」たちも、多数派の専横を防ぐ方法に知恵を絞り激論の末に合衆国憲法を書き上げ、その成果は二院制の採用などにつながりました。その様子を見聞したトクヴィルは、それでもなお多数派の暴走に対する危惧を『アメリカのデモクラシー』に著しました。

　多数派なら専制を行ってもよい、という主張は民主主義の一部ではありません。「そういうもの」ではないのです。ましてや、多数決によって何でも決めてしまえ、と考えるのはあまりにも乱暴です。

　私たちの生活においても、様々な社会の中で、様々な選好を持つ個人が集まって、様々な集団的決定を行います。多くの場面で、多数決が使われています。しかし、多数決には多くの問題があることが知られています。現状では、言わば「多数決の専横」がまかり通っています。どうすれば、よりよい意思決定ができるでしょうか。

　本書では、科学的な決め方を紹介します。正しくデータを取ってエビデンスを示すことの重要性は、EBM（Evidence-Based Medicine、科学的根拠に基づいた医療）、EBPM（Evidence-Based Policy Making、科

学的根拠に基づいた政策決定）の概念を通して理解が深まり、実践につながっています。決め方そのものに工夫をすることの有効性については、SDM（Shared Decision Making、共同意思決定）、CDM（Collective Decision Making、集団的意思決定）の概念を通して理論と実証の研究が行われています。

　ここで科学的手法を使うことが重要です。人間やデータが持ちうるバイアスを理解した上で科学的根拠を用いて決める。ゲーム理論や行動経済学の知見を生かして、少数派の意見を尊重するよう上手に工夫して決める。決定内容だけではなく決定の過程に納得感が得られるように決める。科学的で客観的な方法を用いることで、感情論やイデオロギーに支配された水掛け論を排し、冷静で建設的な意思決定を促すことが期待できます。

　本書では、医学と経済学の研究者が、科学的根拠を用いた合意形成の理論と実践について、できるだけ平易な言葉で解説します。上手な決め方について、多くの実例と理論を紹介します。

　前半部分では、医学博士の宮木幸一が、疫学における様々な実践例と理論を通して、EBM と EBPM の重要性、データ解釈や因果推論における落とし穴、相関関係と因果推論、人の認知の本質に関わるバイアスという落とし穴などについて解説します。データを得る際に RCT（ランダム化比較試験）を使うことの重要性や、ヒルの因果性判定基準など、具体的な例と対策を紹介します。

　後半部分では、経済学博士の郡山幸雄が、集団的意思決定（CDM）の理論について紹介します。メカニズム・デザインやゲーム理論、投票理論を通して、意見集約と合意形成の様々な工夫について解説します。理論を用いることの重要性だけではなく、人のココロにひびく施策を行うための具体例や実践例を幅広く紹介します。

　エビデンスを使うことは明らかに重要です。同時に、集団的意思決定

の特性を理解することも必要です。どちらか一方のみを過信するのではなく、両方を上手に活用することが望ましいと私たちは考えます。例えば、日常的に患者さんを診察して医療現場で日々治療の意思決定をしている臨床医は、医師・患者・家族の間で意見や価値観が異なる場合、科学的な理論や検査の数値だけで治療法が決まらないことを日常的に知っています。これはエビデンスだけで意思決定ができないことの典型例です。また、科学的分析を積極的に採用するとき、得られる結果を重視するあまりそこに至る過程や手続きの違いを見過ごしてしまうことがあります。しかし、人が自然に持つバイアスや納得感は集団的意思決定のプロセスによって異なることが、行動経済学をはじめ多くの研究を通して分かってきています。よりよい決定のためには、エビデンスと集団的意思決定の両方の特性に精通することが大切です。

　医学と経済学、一見すると遠い分野のように思われるかもしれませんが、意外な共通点が多いことに気づかれるでしょう。二人の著者は高校の同級生で、宮木は文系クラスから医学に転向、郡山は理系の学部、修士課程を経て経済学に転向しました。日本では理系と文系に分類されることが多い二分野ですが、そのような境界線に捕われて視野を狭めるのはもったいないことだと私たちは考えます。遠く見える分野の共通点にこそ、より本質的な内容が含まれているからです。

　本書の目的の一つは、これら異分野とされる学問の共通点を整理し、共通言語を提供することです。私たちの日々の生活の中で、異なる立場や意見を持つ人たちと意思決定をする機会が多くあります。一般市民、利害関係者、各種専門家、行政担当者、政治家など様々な立場の人たちとかみ合った議論を進めるためには、科学に基づいた共通言語を使うことが有効です。

　情報があふれるこの世の中において、怪しいニュースについ心を動かされてしまうこともあるかもしれません。そんなとき、データを正しく読み解きよりよい決断を行うためのリテラシーを培うことが、あらゆる

人にとって重要です。本書では、さらに科学的根拠の使用法と集団的意思決定のリテラシーを上げることを目標にします。

　合意形成のルールを形作ることは、社会を、生活を形作ることに直結します。社会制度の設計をするのは人間です。たとえ一部の合意形成機能を機械に任せられる世の中が来たとしても、そのアルゴリズムを監視し調整するのは人間です。その際、よりよい社会決定を目指すためには一人ひとりが高いリテラシーを持って建設的な意見の集約に生かしていくことが極めて重要です。

　本書を、よりよい社会決定とは何かを考え、よりよい社会制度をつくることに貢献したいすべての人に捧げたいと思います。社会制度だけではなく、会社や家庭での日常生活レベルの決定に役立つ工夫を知りたいと思う人に読んでいただき、科学的根拠と集団的意思決定の理論を上手に活用し実践する機会につなげてほしいと思います。さらに、これらの分野を深く学びたいと思う若い研究者が増えてくれることを願っています。

　世の中に様々な考えや選好があるのは当然です。本書が、多数派が専横するのではなく、少数派の意見が尊重され、多様な意見が上手に集約された合意形成が行われる世の中につながる一助になってくれれば幸いです。

郡山幸雄
宮木幸一

多数派の専横を防ぐ
意思決定理論とEBPM　目次

Collective Decision Making and EBPM
——Preventing the Tyranny of the Majority

第 3 章

EBPMはいかに発展してきたか 99

第4章

集団的意思決定の制度設計を求めて

第 5 章

よりよい決断を目指して

序　章

---・---

医学と経済学の枠を超えて

社会的問題解決に役立つ

多数派の専横を防ぐ

意思決定理論 と EBPM

1
エビデンスベースで考える

情報をバイアスなく、解釈することができるか

　現代は情報化社会と言われて久しいですが、インターネットの普及と
ハードウエアの高性能化・低価格化によって、**私たちを取り巻く情報量
は加速度的に拡大**しています。様々なことがネットで瞬時に調べられる
ようになり、その効用は計り知れないものがあります。研究者の立場か
らも最近は国際学術誌のほとんどをオンラインで読むことができるよう
になり（無償公開されていない文献もまだ多くありますが、大学など所
属機関が当該雑誌とオンラインジャーナル契約を結んでいると、所属機
関からだけでなく VPN という技術を用いて自宅や外出先からでも無償
で瞬時にその論文を取り寄せられます）、大変便利な世の中になったも
のだと実感する日々です（ちなみに筆者の宮木は、公衆衛生学や疫学と
いった予防医学領域で博士号を取り、職場のメンタルヘルスや生産性・
ウェルビーイングなどを専門とする医師・医学研究者で、本書では医学
生や看護学生に講義してきた「疫学」（epidemiology）の考え方や研究
手法が最先端の経済学や政策決定に影響を与えていることを紹介したい
と考えています。意外な関係性と思われるかもしれませんが、もう一人
の筆者で畏友の郡山教授の指摘通り、epidemiology（疫学）の語源であ

る demos と democracy（民主主義）の語源である demos は同じ「人間」です。異分野のようで本質的な部分で共通することが多くあることへの著者らの驚きが、本書執筆のきっかけの一つとなっています）。

　ただ良い点ばかりともいえず、日々あふれかえる情報を適切に取捨選択していかないと、広大な情報の海に文字通り溺れてしまうかのようです。皆さんがご承知おきの通り、ネット上の情報は玉石混交で、多くは意図しないで（一部は意図的に）正しいとは言えない情報がたくさん発信されています。**特に科学的情報においてソース（情報の出どころ）は重要**で、どのようなソース（一次情報といって統計情報や研究の結果など元になる知見）をもとにその情報が発信されているのか、発信主体は誰またはどういった団体なのかを確認する習慣は、研究者のみならず有用と思われます。日常生活ですべての科学的情報の出どころやオリジナルの知見をたどることは現実的ではありませんが、ソースが明示されているか、また発信主体はどこなのかを意識することは普段から心がけておくべきことと言えます。

　世界保健機関（WHO）が新型コロナウイルス感染症（COVID-19）の世界的流行をパンデミック（pandemic）と宣言してから 2 年以上が経ち、長引くコロナ禍における日々の情報収集で皆さんもそうした情報リテラシーには意識が高まっているので、このようなことはすでに実践しておられる方もいらっしゃるかもしれません。多種多様な科学が高度に発展した現代では一人がすべての専門領域を理解することは難しくなっていますが、**科学的データをどのようにバイアス（bias、人間が生来持つ「偏り」）なく読み取り、解釈していくかというリテラシーは普遍的**です。こうした基本的な科学データの読み解き方を私たち一人ひとりが身につけることで、限定的な科学的知見からミスリードされ間違った意思決定をしてしまうことは防げると考えられ、こうしたリテラシーを高めることは本書の目的の一つとなっています。

エビデンスの強さの序列

　発信主体のチェックに関して一つ落とし穴というか注意点があります。ある情報に情報ソースとして論文など研究成果が引用されていれば、その結果はすべて正しい、鵜呑みにして良いというわけではありません。後述しますが最近はプレプリント（preprint）といって正式な学術論文で必ず行われるピア・レビュー（peer review、当該領域の専門家による事前チェック）を経る前の原稿（査読前論文）が早期公開されることも増えていて、この区別をつけて情報を読み取ることが重要です。もちろん根拠を示さず流されている情報よりも、科学的な研究成果である論文などを明示している情報の方が、一般的に信頼に足るとは言えると思います。ただ**エビデンス（科学的根拠）と言われる研究成果がどのくらい信頼できるかということについては、その研究がどのような研究デザインで行われたかということにより決まってくるエビデンスレベル（evidence level）という序列**があります。例えば新薬が世に出るために必要な臨床治験（いわゆる治験）などに用いられる「ランダム化比較試験」（Randomized Controlled Trial, RCT）という後述する研究デザインはエビデンスレベルが最も高く、「こういう患者さんがいて、こうしたら治りました」という「症例報告」という研究デザインはエビデンスレベルが最も低いです（さらに言うと、研究デザインとは言えませんが、現実にはありがたがられることも多い**「専門家の意見」（expert opinion）がエビデンスレベルのピラミッドでは最も下位に位置するとされています**、**図表0-1**）。

ランダム化比較試験という人類最大の進歩

　また単一の研究デザインではランダム化比較試験が科学的根拠として

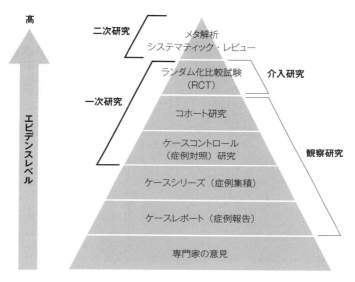

図表0-1　エビデンスの強さの序列を表すピラミッド

最強と言えますが、エビデンスレベル上さらに上位のものとして、**複数のランダム化比較試験を統合したメタ解析（meta analysis）という研究デザイン**があります。同じ仮説を研究した研究でも相反する結果が出てくることは研究において比較的よく見られ、複数の研究データを統合してサンプルサイズを大きくし（このことで統計的な検出力 power が上がります）、最終的な結論を導くというのがメタ解析です。ただそれだけ都合よくランダム化比較試験の結果が出ていることは稀であり、いつでもできる研究ではありません。また研究領域によってはランダム化比較試験が難しい分野もあり、そうした領域でのランダム化比較試験以外の研究の「価値が低い」ということでは決してありませんのでご注意願います。あくまで科学的根拠の「強さ」に序列があるということです。

　英国の Oxford Centre for EBM がエビデンスの強さを 5 段階に整理したものが有名なので掲載しますが（**図表0-2**）、このように研究デザインによってエビデンスの序列があるということは意識していただく必要

質問	ステップ1 (レベル1*)	ステップ2 (レベル2*)
その問題はどの程度よくある のか？	特定の地域かつ最新のランダム 化サンプル調査 （または全数調査）	特定の地域での照合が担保さ れた調査のシステマティック レビュー**
この診断検査またはモニタリ ング検査は正確か？（診断）	一貫した参照基準と盲検化を適 用した横断研究のシステマ ティックレビュー	一貫した参照基準と盲検化を 適用した個別の横断的研究
治療を追加しなければどうな るのか？（予後）	発端コホート研究のシステマ ティックレビュー	発端コホート研究
この介入は役に立つのか？ （治療利益）	ランダム化試験またはn-of-1 試験のシステマティックレ ビュー	ランダム化試験または劇的な 効果のある観察研究
よくある被害はどのようなも のか？（治療被害）	ランダム化試験のシステマ ティックレビュー、ネスティッ ド・ケース・コントロール研究 のシステマティックレビュー、 問題が提起されている患者での n-of-1試験、または劇的な効果 のある観察研究	個別のランダム化試験または （例外的に）劇的な効果のあ る観察研究
まれにある被害はどのような ものか？（治療被害）	ランダム化試験またはn-of-1 試験のシステマティックレ ビュー	ランダム化試験または（例外 的に）劇的な効果のある観察 研究
この（早期発見）試験は価値 があるか？（スクリーニング）	ランダム化試験のシステマ ティックレビュー	ランダム化試験

図表0-2　Oxford Centre for EBMの図「levels of evidence」和訳
臨床上の疑問（Clinical question）がどのようなものかによって、研究デザインも異なることを細かく分類して整理しています。

＊試験間での不一致、または絶対的な効果量がきわめて小さいと、レベルは試験の質、不正確さ、間接性（試験のPICOが質問のPICOに合致していない）に基づいて下がることがある。効果量が大きいか、または極めて大きい場合には、レベルは上がることがある。
＊＊従来通り、一般にシステマティックレビューの方が個別試験よりも好ましい。
出所：OCEBM Levels of Evidence – Centre for Evidence-Based Medicine (CEBM), University of Oxford

があります。EBMのピラミッドといって、この序列をわかりやすく視覚化したものもあるのでご覧になったことがある方も多いかと思いますが、**科学研究の成果といってもその研究がどのような研究デザインによって実施されたかによって信頼度が違ってくる**のです。どんなエビデ

ステップ3 （レベル3*）	ステップ4 （レベル4*）	ステップ5 （レベル5）
特定の地域での非ランダム化サンプル**	症例集積**	該当なし
非連続的研究、または一貫した参照基準を適用していない研究**	症例対照研究、または質の低いあるいは非独立的な参照基準**	メカニズムに基づく推論
コホート研究またはランダム化試験の比較対照群*	症例集積研究または症例対照研究、または質の低い予後コホート研究**	該当なし
非ランダム化比較コホート／追跡研究**	症例集積研究、症例対照研究、またはヒストリカルコントロール研究**	メカニズムに基づく推論
一般にみられる被害を特定するのに十分な症例数がある場合、非ランダム化比較コホート／追跡研究（市販後調査）（長期的被害については、追跡期間が十分でなければならない）**	症例集積研究、症例対照研究、またはヒストリカルコントロール研究**	メカニズムに基づく推論
非ランダム化比較コホート／追跡研究**	症例集積研究、症例対照研究、またはヒストリカルコントロール研究**	メカニズムに基づく推論

ンスであっても1つだけの論文から最終的な結論を導くのは危険であり、その研究成果がどのような研究デザインで得られたものなのかまで勘案して、情報の取捨選択や重み付けを行い、意思決定していくというのが理想的な姿と思います。

　「まえがき」にもあったように、医学と経済学という2つの学問領域について考えるとき、理系や文系という括りで捉えると全く違う学問のように思われる方が多いかもしれません。一見すると縁遠い分野に見えますが、学生時代の文理が逆転してそれぞれが医学と経済学を教える立場になった私たち二人が研究手法やデータの解釈について話をしていると、共通する部分が驚くほど多くありました。例えば、宮木は医学研究

者として近代で最大の医学研究上の発見・発明の一つにランダム化比較試験（Randomized Controlled Trial, RCT）が挙げられると思っています。これは例えばある医薬品について、対象とする患者さんに本当に効果があるかを評価する際、ランダムにその医薬品を使うグループと使わない（見た目は変わらない偽薬 placebo を使う）グループに分け、それぞれの結果を比較するという研究デザインで、この手法を使った臨床治験を経なければ主要先進国では治療薬として認可されないことになっています。

　薬の有効性評価というのは「因果関係」（薬を飲むことが原因で、その結果として病気が治るという明確な関係）の評価であり、みかけの情報に騙されずに慎重な判断が求められます。例えば「ある薬を飲んだら病気が治った」人がいたからといって有効だと決めつけることはできません。そもそもその薬を飲まなくても（ほっておいても）自然に治ったかもしれないし、「ありがたそうな薬をもらって飲む」ということ自体が効果をもたらしていて（プラセボ効果 placebo effect と言います）薬の成分自体が効いている証明にはならないからです。また薬の有効性を評価するときの参加者の募り方にも注意が必要で、元気で治りそうな人が「意図的に」選ばれてしまったり、一般の方よりも病気の克服に熱心な方が「意図せず」多く選ばれてしまったりして（選択バイアス selection bias と言います）、見かけ上有効と判断されやすくなってしまう恐れもあります。

　医学と経済学の共通項の一つとして、分析の対象となる現象の背後に多重に絡み合った複雑な「因果関係」があるということの医学的な一例ですが、こうした諸問題は、ランダム化により様々な偏りをなくし、比較対照群をきちんと設けて評価するというこのランダム化比較試験の手法を用いることで解消することができ、科学的に客観的な評価をすることが可能となったのです。これは当たり前のようで実は人類史上においても注目すべきことであり、「ある薬を飲んだら病気が治った」という事象が観察されたときに、「もしそのとき薬を飲まなかったらどうなった

か」という反実仮想（counterfactual）を疑似的に知ってその比較を行うことができ、そのために**「因果関係」を示すこと（因果推論といいます）がはっきりとできるようになったことは、大げさに聞こえるかもしれませんが本当に大きな人類の進歩**といえます。

　一見もっともらしい理屈や理論があるものが実は無効だったり（理論だけでなく例えば動物実験までは効果が確かめられていたとしても、最終的にヒトで試すと効果がないこともあります）、「常識的にはこうに違いない」と思っていたことが実はそうではなかったということが、ランダム化比較試験によって明らかにされることは実に多くあり、私たち人間の推論は意識しないと誤ってしまうことが少なくないという教訓にもなります。

2
垣根を超えて考える

医学領域から経済学領域へ。その逆も

　このようにランダム化比較試験という研究手法は医学領域で発展・定着し、現代の医学に必要不可欠なものとなっていますが、その応用は経済学にも浸透・普及しつつあります。2019年のノーベル経済学賞は、このランダム化比較試験の手法を世界的な貧困緩和にどのような施策が有効かを評価する研究に用いた3人の経済学者（米マサチューセッツ工科大学MITのアビジット・バナジー教授とエステール・デュフロ教授、米ハーバード大学のマイケル・クレマー教授）に贈られたことは記憶に新しいです（**図表0-3**）。

　ある政策プログラムの参加者と非参加者をランダムに割り付けて2つのグループを作り、それぞれの成果を比較することで政策の効果を測るというもので、こうしたランダム化比較試験の研究デザインを用いた政策プログラム評価は、開発途上国における貧困削減プログラムをはじめ近年急速に活用が広がってきています。現実社会での実践として、バナジー教授とデュフロ教授らがMITに設立したアブドゥル・ラティフ・ジャミール・貧困アクションラボ（J-PAL https://www.povertyactionlab.org）では、世界中から開発経済学者が集まって**エビデンス（科学的な根**

図表0-3　バナジー氏、デュフロ氏、クレマー氏へのノーベル経済学賞授与が発表された
出所：ロイター／アフロ

拠）に基づいた政策形成（Evidence-Based Policy Making, EBPM とい
います。後述しますが重要な考え方です）や実践が行われています。**医
学領域で科学的根拠に基づいて治療方針を決めていこうという EBM
（Evidence-Based Medicine）の考え方が 20 世紀後半から高まっていま
すが、これが政策決定の分野にも波及したものと考えることができます。**

　医学領域で発展したランダム化比較試験（RCT）の研究デザインが政
治や経済学の領域に波及したことに触れましたが、逆の事例ももちろん
あります。経済学の一分野に「行動経済学」という分野があり、ヒトが
必ずしも合理的に行動するとは仮定せずに心理学の視点を組み入れて、
ヒトの意思決定行動をより現実に即して分析する流れがあります。この
分野の研究が進み、生来人間が持つバイアス（偏り）についての体系的
な理解が深まりました。生活習慣病の治療や予防の現場で実感されるこ
とですが、科学的に正しい事実やエビデンスを突き付けても、ヒトの行
動を変化させること（行動変容 behavior modification といいます）はと
ても難しいのが現実です。そこで医療の現場でも、行動変容理論に基づ

いてナッジ nudge（肘でつつく、そっと後押しするといった意味）と言われる行動経済学の手法を用い、単に脅したり、ご褒美でつるのではなく**無意識に本人にとって好ましい選択が自発的にできるような工夫**が試みられるようになってきています。これは**経済学の優れた発想が医学に波及した好例**と言えるでしょう。

　また因果推論という視点からは、2021年のノーベル経済学賞は最低賃金の影響について「差分の差分法」（difference-in-differences design、差の差の分析とも呼ばれます）という因果推論手法でアプローチした米カリフォルニア大学のデイビッド・カード教授らに贈られています（**図表0-4**）。労働者の最低賃金を引き上げたとき、当該企業は負担が増すため雇用を減らすものと一般的に思われていた常識が現実ではそうとは言えないことを、米国の隣り合う2つの地域を対象とした自然実験（natural experiment）というランダム化比較試験に近い方法（差分の差分法）を用いて見事に示しています。

図表0-4　2021年のノーベル経済学賞はカード教授らに送られた
出所：ロイター／アフロ

　こうした学際的な研究事例は、**本質的に優れた研究手法は学問領域を超えるという好例**で、主に医学分野で発展した手法が経済学分野でも有効性が認識されて活用が広がり、様々なところで実際の社会実践まで応用が進んでいるという学際的ダイナミズムを感じてもらえればうれしいです。

　本書では実社会での応用場面が広く、経済学の新しい潮流となりつつある**ゲーム理論やメカニズム・デザイン、集団的意思決定**（コレクティブ・デシジョン・メイキング、Collective Decision Making）について紹介します。**複数の人間の行動を記述する数学的手法の応用が広がってきていることを実感できる大変エキサイティングな学問分野**です。医学の分野でも医師という専門家の意見を押し付けるのではなく、**関係者が情報を共有してそれぞれの価値観を踏まえ、共同でよりよい意思決定をしていくという共同意思決定**（SDM、Shared Decision Making、共有意思決定）**の必要性が叫ばれています**が、それをさらに高度化した試みとも言えるでしょう。人は社会的生き物であって集団で生活する場面が必ず出てきますが、その際に関係するステークホルダー全員にとって**多数決よりも優れた意思決定の方法がある**ことがわかってきています。経済学の最新理論によって、日常生活で私たちが日々、意思決定していく上で有用な考え方にもなりえますし、先ほどEBPMという言葉を紹介しましたが、地域や国での行政や政策決定にも重要な考え方になるものと思います。

医学と経済学の共通点

　データを正しく読み解くという意味において、テクニカルタームは若干違っても医学と経済学で教えることが共通しているという事実は、**数学的な本質を突いていて普遍的**であるから当然とも言え、それだけ**万人にとって共通のツールあるいは考え方となりうる**ということを示唆して

います。医学と経済学の共通点という本質的な部分は、いろいろな立場の人や利害関係者、専門家、行政スタッフ、政治家などが**噛み合った議論をしていくための科学的な「共通言語」になりうる**ということです。医学と社会的制度設計というと無関係に思う人も多いかもしれませんが、社会構造が健康に与える影響や、健康政策・保健事業に疫学研究や研究データの適切な理解が基盤として果たしている役割は小さくありません。医療政策に限らず政策決定に科学的なアプローチを取り入れることは、EBPM（エビデンスに基づく政策形成）という言葉が登場してきたように、今後世界的にも望ましいと考えられています（疫学の父とも言われるジョン・スノウを生んだ英国の事例は後述しますが、1990年代の後半からブレア政権で本格的に導入されており、お手本になる部分が多いです）。

　医学と経済学で共通するバイアスの話や因果推論、統計の基礎、研究デザインなどを知ってもらうことで、一般の方々にも健康情報や科学研究の成果を正しく理解するという**科学的リテラシーを高めてもらいつつ、様々な人々からなるこの社会の制度をどのように決めていくのがよいか、よりよい集団の意思決定について考えてもらう一助となれば**と思います。医療現場では、患者も医師も病気を治すという共通の目標が必ず持てますが、社会の様々な場面では多様なステークホルダーが多種多様な価値観や信条を持ち、それぞれ対立することもあることを前提にして、そのコミュニティとして最善の意思決定をしていかねばなりません。**イデオロギーに左右されない数学的な議論や適切なデータ解釈といった共通言語を多くの人が身につけ、様々な立場の人が自分ごととして議論していく基礎を作ることは、時代や場所を問わずよりよい社会的制度設計に資するのではないか**と考えています。

　その導入としてEBPM・因果推論という医学・経済学の垣根を超えたトピックを紹介し、その後の畏友による解説で経済学でも専門用語は若干違っても同様のデータの見方をしていること、数学的な本質は学問を超えて共通していることを実感してもらえるよう心がけました。医師・

医学者の立場から研究デザインやデータの読み方の基本（医学の中では疫学 epidemiology という公衆衛生領域の一分野に該当します）、エビデンスレベル、ランダム化比較試験、因果推論、バイアスといった重要なキーワードを紹介していき、科学的データをどのように解釈したり付き合ったりしていけばよいかに役立つよう心がけて記述しました。**本書を読むことでデータや科学研究のリテラシーを高めていただき（これが偏りのない普遍的な「共通言語」になります）、「コレクティブ・デシジョン・メイキング」という社会生活や政治にも直結した経済学の最新理論に触れ、興味や関心を持ってもらえれば**（さらに言えばこうした最先端の研究分野を志したり、切り開く人が増えれば）筆者として望外の喜びです。異分野の著者2名の共著ということで、用語、表現、文体の違いなどにより読みにくさを感じさせてしまうかもしれませんが、本書で述べようとしている本質は一致していますので、その違いも楽しみながら読み進めていただければ幸いです。

第 **1** 章

──・──

エビデンスに基づく
医療 と 政策形成
（EBM）　　　　　　（EBPM）

多数派の専横を防ぐ

意思決定理論 と EBPM

1

学術研究を
政策立案に生かす

　19世紀に起こった実証主義（経験的事実に基づき理論や仮説を検証し、超越的なものの存在を否定しようとする立場）の流れをくみ、帰納的な論理に基づく**エビデンス（科学的根拠）に基づく医療「EBM」**（Evidence-Based Medicine）という概念が1990年代初頭から**日本を含む世界の医学界を席巻**して久しいですが（医学文献としての初出は1991年のACP Journal Clubでマクマスター大学のガイアット医師 Gordon Guyatt が論文発表、EBMの定義や歴史的経緯は後の章で詳述します）、**エビデンスに基づく政策形成「EBPM」**（Evidence-Based Policy Making）という概念はというと、日本では**まだ馴染みが薄い**かと思います。**イギリスでは1999年に**当時のブレア政権が Modernising Government という白書（ホワイトペーパー、政治社会経済の実態や政府施策の現状を国民に周知するための公的な刊行物）の中で、**政策形成過程でエビデンスをより良く用いることが明記され、EBPMが政策形成プロセスに取り入れられる**ようになりました。当時のブレア政権は従来の資本主義でも社会主義でもない、「第3の道」を提唱してそれまでの政治を刷新・改革していったのですが、**社会正義の実現など政府の役割を保ちながらその効率化を図るという視点で上記の白書が策定され、EBPMの実践が進んで**いきました。

　序章で、2019年のノーベル経済学賞がランダム化比較試験を経済学

に取り入れた事例に対して授与されたことを紹介しました。ある政策プログラムの参加者と非参加者をランダムに割り付けて 2 つのグループを作り、それぞれの成果を比較することで、バイアスをなくして政策効果を客観的に測るというものでした。こうした政策プログラム評価は、開発途上国における貧困削減プログラムをはじめ近年急速に活用が広がってきており、バナジー教授らの取り組みの、アブドゥル・ラティフ・ジャミール・貧困アクションラボ J-PAL のように科学的なエビデンス（根拠）に基づいた政策形成（Evidence-Based Policy Making, EBPM）とその実践が行われています。ホームページにも「Our mission is to reduce poverty by ensuring that policy is informed by scientific evidence.」（私たちのミッションは科学的な知見を踏まえた政策を確かなものにすることで貧困を減らすこと）と明記され、「We do this through research, policy outreach, and training.」（研究と政策へのアウトリーチ、研修によってそれを行います）と方法論が述べられています。

　このアウトリーチ（手をのばす、積極的に働きかける）という部分が非常に重要で、**学術的な研究成果である科学的根拠（evidence）を学問の世界だけで終わらせず、政策立案のプロセスに積極的に生かしていこう、という考えが EBPM の基本方針**と考えていただければと思います。

　この EBPM について日本ではまだ馴染みが少ない言葉ですが、たとえば米国では教育省の下部組織 Institute of Education Sciences が **What Works Clearinghouse**（どういう施策が有効かというデータを収集整理して利用できるようにする**機関**（https://ies.ed.gov/ncee/wwc/FWW））**を 20 年以上も前（2002 年）に立ち上げて、様々な分野でその施策が有効かというエビデンスを一覧できるようにしています**（**図表 1-1**）。系統的に偏りなく文献をレビューし、見やすい形で提供するというクリアリングハウス（情報センターといった意味）です。

　トピックごとにアイコンがあって視覚的にわかりやすく分類されているだけでなく、根拠に基づいて「Find What Works」（何が有効か見つけよう）というサービス名もいいですね。

図表1-1 米国What Works Clearinghouseのホームページトップ画面
視覚的にわかりやすくエビデンスを検索できるように工夫されている。
出所：https://ies.ed.gov/ncee/wwc/

　またこのIESを擁する米国教育省（US Department of Education）では他にも、オバマ政権の頃から**階層付き補助金（Tiered Grant）**というユニークな制度を活用しています。これは**政策効果を裏付けるエビデンスの強さに応じて補助金を分配するという制度**で、幅広い政策分野に応用されてエビデンスの創出や活用が進んだのみならず、エビデンスを重視する組織文化が議会においても育まれたと言われています。例えば、連邦政府による教育イノベーション研究助成プログラム（Education Innovation and Research（EIR）Program）では、学校や研究機関などの各種学力向上プログラムをエビデンスの強さによって3つの階層（tierと呼ばれます）に分け、助成額の上限がそれぞれの段階に設定されるというものです。

　実際の申請画面を開いてみると、拡大期の助成（Expansion grants）、中間段階の助成（Mid-phase grants）、初期の助成（Early-phase grants）の3階層に分けて、申請要件や書類、申請のヒントなどが別々に用意され、エビデンスの階層構造に詳しくない実務者にとっても趣旨を理解して申請しやすく準備されています。**上限額が最も大きな助成を受けるた**

めには、ランダム化比較試験のような強いエビデンスのある事業であることが求められる一方、初期段階の助成に対しては強いエビデンスがなくともロジックモデルを作成することで助成を受けることができ、エビデンスが十分でない領域の試みを切り捨てることなく、傾斜配分によって強いエビデンスを生み出すインセンティブにしているという素晴らしい取り組みと思います。

　ここで面白いのは同じ階層付き補助金（Tiered Grant）といっても省庁によって基準がかなり異なることです。例えば米国労働省（US Department of Labor）の Workforce Innovation Fund では最も高い階層の補助金でもランダム化比較試験を必須の要件としない（自然実験 natural experiment を許容する）など、省庁によって省内や現場のエビデンスに基づくこと（evidence-based）への親和性や理解度が異なり、エビデンスレベルに応じて傾斜配分するという原則は維持しつつも現実的な対応がとられていることです。本質は維持しつつ画一的にならないよう上手に適応することで、エビデンスがあまりない領域であってもこうした階層付き補助金の制度が適応できることの意義は、取り組みを水平展開していくときに大変参考になることだと思います。

　そもそも米国では 1960 年代のジョンソン政権のころから貧困施策の効果測定のために臨床医学・疫学分野で応用が広がってきていたランダム化比較試験（RCT）が上述の教育省や労働省などで取り入れられ始めてきた経緯があり、EBPM の基礎となる風土が長く培われてきたと言えます。RCT に象徴されるエビデンスレベルの高い研究が政策に生かされるとともに、研究助成の要件にエビデンスレベルが組み込まれることでさらに質の高いエビデンスが蓄積されるという好循環が生まれていることは学ぶべき点が多いと思います。

2

教育現場での活用も有効

　一方イギリスでは、2011 年に英教育省の補助金で設立された EEF（Education Endowment Foundation）という慈善団体があり、**系統的にレビューされたエビデンスを教育現場の実務家（学校の教師等）にもわかりやすく整理して提供**しています。

　その名も Teaching and Learning Toolkit（教育と学習の工具セット、**図表 1-2**）といって、エビデンスの強さやかかる費用、効果の大きさを示すアイコンを使って視覚的にわかりやすくエビデンスが整理されており、さらにそれぞれのアイコンごとに絞り込み検索（例えば予算はあまりかからないが効果が大きく、エビデンスレベルも高いものを抽出）することもできます。また Early Years Toolkit（低学年用の工具セット）といって低学年を担当する教師向けのサービスや解説なども用意され、素晴らしいと思います。

　この団体 EEF の About us（私たちについて）では「dedicated to breaking the link between family income and educational achievement」（世帯収入と教育達成度の関連を壊すことに捧げられている）という記述があるように、**貧困家庭の子どもたちの学習能力が向上することを主たる目的にしています**が、**貧困家庭ではない家庭の子どもたちにとっても有用**と思われ、こうしたエビデンスが教育現場で使いやすい形で提供されることは素晴らしいです。また理念だけに終わっているのではなく、

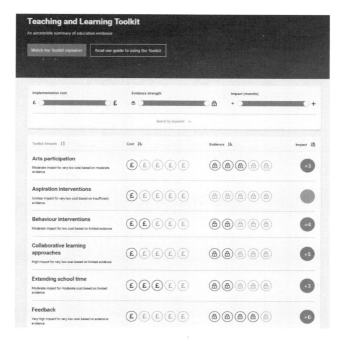

図表1-2　英国のTeaching and Learning Toolkit
初等教育や中等教育に関するエビデンスが視覚的にわかりやすく整理・閲覧できるようになっている。

出所：The Education Endowment Foundation

2015年の英国会計検査院（National Audit Office）の調査で**学校指導者の3分の2がEEFのツールキットを使用している**と言われ、こうした取り組みが形骸化せず、実際の現場で活用されていることはさらに素晴らしいことではないでしょうか。

同様な試みは犯罪抑止のためにも行われています。WWC（What Works Centre）for Crime Reductionという英国の組織は、**犯罪抑制に関するエビデンスを系統的にレビューして整理し、Crime Reduction Toolkit という視覚的にわかりやすいデータベースで公開**しています。

　この Crime Reduction Toolkit の特徴として**興味深いことは**、Practitioner Evidence（実務者のエビデンス）といって現場の実務者の経験則もエビデンスに含め、Evidence Base の意味を広く捉えていることです。医療でもエビデンス重視というと医療現場の経験則を軽視するものと誤解されてしまうこともありますがそうではなく、意思決定に際して使える科学的なエビデンス（狭義のエビデンス）があればそれを優先して用いつつ、**実際には日々求められる意思決定のすべてに利用可能な科学的なエビデンスが十分あるわけではないことも多く**、こうした部分では**現場の経験則が役に立つことは大いにあります**。警察の実務においてもおそらく、**科学的なエビデンスだけですべてを判断できるわけでは当然なく、こうした広い捉え方をして実務に支障が出ないように科学的エビデンスを活用していこうという現実的な取り組みをされているの**だと思います。

　EBM でも EBPM でもそうですが、思想的な流れを含めてその理解が十分でない方ほど「エビデンス至上主義」というか何でも「RCT がとにかく大事なんだ」と思っている方がたまにいらっしゃいます。私も RCT の重要性を衷心から実感している者（海外ではランダミスタ randomista という言葉があり、ランダム化比較試験の熱心な支持者、信奉者といったところでしょうか）の一人ですが、**実際の各種現場では様々な課題を抱えていて判断に使える RCT の知見が十分にないことが多いこと、その場合は利用可能な最良のエビデンス**（英語では best available evidence といいます。**RCT よりもエビデンスレベルとしては下位ではあっても意思決定の役に立つ利用可能な一番良いエビデンスのこと**）を用いていくことが重要であることを常に心に留めていて、**科学的根拠に基づかない経験知や現場の慣習を軽視したり否定するものでは決してありません**。使えるエビデンスが足りないというだけでなく、現実の社会的課題では RCT での評価に馴染まない（ランダム化比較試験を実施することが難しい）ものもあり、RCT だけですべての問題が解決するわけでは決してないのです。

　ただ、**様々な現場で常識として（よかれと思って）漫然とやってきた取り組みが実は効果がなかったとか、ときには逆効果であることが RCT によって明らかにされることもあり**、面白いところです。もちろんこうした科学的なエビデンスが出てくれば、それまで常識としてやってきた**慣行を見直すことが必要**で、それによってより効果的な（本当に意味のある）活動が増えて社会サービスとしての質が向上していくわけです。**従来の経験則や経験者の意見を軽視することなくエビデンスを創出・活用していくことで、絶え間なく実践活動の改善を図っていくというのが望ましいあり方**なのではないかと思っています。

3
よかれと思ったことも
実は逆効果に

　警察関連で「よかれと思ってやっていた取り組みが実は逆効果だった！」という具体例を一つ紹介すると、非行少年少女に対して刑務所を訪問させるという更生プログラムがあります。私が日常的に医学研究や診療実務で愛用している**イギリスのコクランライブラリー（Cochrane Library）**といって、**様々な実務上の疑問点について複数の RCT 結果を統合（メタ解析 meta analysis といいます）してより妥当性の高い結論を導いているデータベース**にも収録されている例です。なかでも CDSR（Cochrane Database of Systematic Review）はコクランライブラリーの中核をなし、コクラン共同計画（Cochrane Collaboration）の成果であるシステマティックレビュー（系統的に文献を集めてまとめた総説）を中心に収集されたデータベースで、収載されているレビューの書誌情報や抄録は医学文献データベース（PubMed）でも検索可能となっており、世界的に有名な EBM 実践に有用なツールとなっています。**誰でも無償で利用できますので、興味を持った方は下記 URL から是非使ってみて**ください（https://www.cochranelibrary.com/cdsr/reviews）。

　日本ではあまり馴染みがない犯罪（特に再犯）予防の試みとして、アメリカでは犯罪を犯した非行少年少女たちを重犯罪者用刑務所に連れて行き、囚人や看守から間近で話を聞かせるという更生プログラムが数十

図表1-3　コクランのメタ解析例
このコクランライブラリーというデータベースもイギリスが誇る世界的な取り組みの
一つである。
出所：https://www.cochranelibrary.com/cdsr/doi/10.1002/14651858.CD002796.pub2/epdf/full

年前からあるそうで、1970 年代後半には「Scared Straight!」というド
キュメンタリー映画にもなっています。**自身の問題行動をなかなか自覚
できない若者に強い恐怖心を与え（Scared）、悪いことをするともっと
悪いことが起こるからまっとうに生きよう（Straight）と乱暴に自覚さ
せる試みで、**これによって素行が良くなった子どもたちはたしかにいた
ようです。古い映画だけでなく最近はテレビ番組としても人気のシリー
ズになっているようで、Beyond Scared Straight（日本では「刑務所 1 日
体験」）というタイトルで各種動画サイトなどで見ることができるように
なっています。

　こうしたプログラムがアメリカの各州で長年行われてきたわけですが、
その効果に疑問をもった研究者たちがいました。例えば 1967 年にミシ
ガン州の Michigan Department of Corrections（日本では法務省矯正局
のような機関）の報告では、**ランダム化を行い 6 カ月間の追跡調査を
行ったところ、プログラムを受けた非行少年少女たちの再犯率は、そう**

Analysis 1.1. Comparison I Intervention versus control, crime outcome, Outcome I Postintervention - group recidivism rates - official measures only (fixed-effect).

Review: 'Scared Straight' and other juvenile awareness programs for preventing juvenile delinquency

Comparison: I Intervention versus control, crime outcome

Outcome: I Postintervention - group recidivism rates - official measures only (fixed-effect)

Study or subgroup	Treatment n/N	Control n/N	Odds Ratio M-H,Fixed,95% CI	Weight	Odds Ratio M-H,Fixed,95% CI
Yarborough 1979	27/137	17/90		31.3 %	1.05 [0.54, 2.07]
Orchowsky 1981	16/39	16/41		17.5 %	1.09 [0.44, 2.66]
Vreeland 1981	14/39	11/40		13.2 %	1.48 [0.57, 3.83]
GERP%DC 1979	16/94	8/67		14.7 %	1.51 [0.61, 3.77]
Lewis 1983	43/53	37/55		13.0 %	2.09 [0.86, 5.09]
Michigan D.O.C. 1967	12/28	5/30		5.2 %	3.75 [1.11, 12.67]
Finckenauer 1982	19/46	4/35		5.1 %	5.45 [1.65, 18.02]
Total (95% CI)	**436**	**358**		**100.0 %**	**1.68 [1.20, 2.36]**

Total events: 147 (Treatment), 98 (Control)
Heterogeneity: Chi² = 8.50, df = 6 (P = 0.20); I² =29%
Test for overall effect: Z = 3.01 (P = 0.0027)
Test for subgroup differences: Not applicable

0.01 0.1 1 10 100

図表1-4　Petrosino et al. によるScared Straightメタ解析結果
こうしたデータを統合したまとめ図は木のように見えるためフォレストプロット
Forest Plot とも呼ばれる。
出所：https://www.cochranelibrary.com/cdsr/doi/10.1002/14651858.CD002796.pub2/epdf/full

でない非行少年少女たちのそれよりもむしろ高かった（注目されていた
典型例からは再犯率は低くなることが当然予想されていたのに**意図と正
反対の負の効果がある**）ことが報告されました。ただこの一つの研究だ
けをもって、このプログラムが無効と決めつけるのは危険で、他の研究
では再犯率が有意に高まらないという報告も相次ぎました。再犯率が有
意に高まるという報告も追加され、報告結果が分かれて議論のある状態
であったため、それまでの研究データをプールして統合的な結果を導く
ためのメタ解析が行われた結果が**図表1-4**となります（このメタ解析は
2000 年に米国で設立された Campbell Collaboration という政策効果を
評価する研究機関が実施したもので、学術論文として英国のコクランラ
イブラリーに収載されています）。
　各行が個別のランダム化比較試験の結果を表し、**横棒がエラーバー
error bar と呼ばれるもので結果の95%信頼区間**（結果のばらつきの範囲

を表し、推定したい真の値がだいたいこのあたりに収まりそうという目
安）を視覚的に示し、黒い四角は面積がサンプルサイズ（何人を対象に
した研究かという規模）に比例するように描かれてあります。その右に
は**オッズ比（odds ratio）といって、その介入を受けることでリスクが
何倍になるか**を上述の95％信頼区間を添えて数値として記載してありま
す。縦線が帰無仮説（効果量がゼロ、今回の例では Scared Straight の刑
務所見学プログラムを受けてもその後の再発率に変化がない）を表して
いて、エラーバーがこの縦線をまたいでいると帰無仮説を否定すること
ができず、「プログラム後の再犯率が変わらない」ことを示唆します。**一
番下の行にある菱形がメタアナリシス**（すべてのランダム化比較試験の
サンプルをプールしてそこからばらつきの少ない**推定値を導き出す手法**）
の最終的な結果を示しています。その右には統合オッズ比（combined
odds ratio）として、上述のオッズ比をすべてまとめたリスクが定量的
に示されています（単に平均したものではなく、サンプルサイズによっ
て重み付けして統合されたものです）。

　エラーバーが帰無仮説を示す縦線をまたいでいる、すなわち「再犯率
が統計学的に有意に高まらない」という研究が5件、同様に縦線をまた
がなかった、すなわち「再犯率が統計学的に有意に高まった」という研
究が2件あり、**これらを統合すると帰無仮説を示す縦線をまたぎません
でした。すなわち「再犯率が統計学的に有意に高まる」**（統合オッズ比
**1.68 ということは、このプログラムを受けた群の方が 1.7 倍ほど再犯し
やすい）という結論が得られた**わけです。しかも最初に紹介したエビデ
ンスレベルの考え方でも、エビデンスレベルの高いランダム化比較試験
よりもさらにエビデンスレベルが高い（最高）とされるメタアナリシス
の手法での結論ですので、大変説得力があります。

　このことは「よかれ」と思って米国各州で行われてきたプログラムが、
再犯予防という目的に対して無効だっただけではなく、むしろ有害だっ
たことを示しています。これを受けて、米国の各州でプログラム実施を
見直す契機となりました。**このプログラムを受けて更生した模範例が注**

目を集めることで（医療で言えばある治療でこの患者がこんなによくなったという稀な事例の症例報告が注目を集めることに相当）、このプログラムを受ければ全体としても再犯率が下がるに違いないというヒトの思い込みを引き起こしたわけです。こうした思い込みが誤った推論を導くことがあることを示す典型例であり、大変示唆に富んでいると思います。ランダム化比較試験によって、あるいは複数のランダム化比較試験を統合したメタ解析によって、従来の常識が覆るということは枚挙にいとまがないほどたくさんありますが、ここでは割愛します（オーストラリアの政治家で経済学者のアンドリュー・リーがその名も *Randomistas: How Radical Researchers changed Our World*（邦訳：RCT 大全 ランダム化比較試験は世界をどう変えたのか、みすず書房）という本をまとめていて、医学や経済に限らず様々な領域で常識が覆されてきた事例が豊富に紹介されていますので、ご参考まで）。

　ちなみに私が診療現場で治療方針を決定するときに参考にすることもある、有名な英国 NICE（National Institute for Health and Care Excellence）の診療ガイドラインというものがあります。英国でもこれに従った治療をしないといけないといった法的な拘束力はありませんが、このガイドラインで推奨される治療法はエビデンスに基づいてその時点で最良の標準医療と考えることができ、医療従事者にとって大変参考になる質の高い情報源です。先ほど WWC（What Works Centre）for Crime Reduction を紹介しましたが、この NICE も WWC for Crime Reduction と同じく、What Works Centre の一員で最も古い原型となっていて、医療分野で費用対効果の観点も踏まえてエビデンスを生み出し、それらに基づいたガイドラインを発行して自治体や医療機関といった現場でエビデンスの普及を図っています。WWC for Crime Reduction が警察組織の現場、NICE が医療の現場、前述の「教育と学習のツールキット」を公開していた EEF（Education Endowment Foundation）が教育の現場と、様々な領域の実務家に質の高いエビデンスをわかりやすく

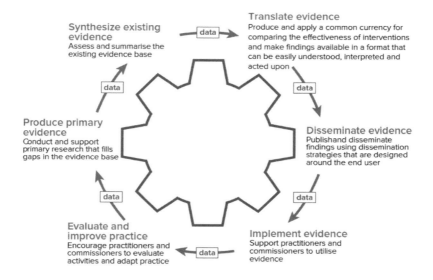

図表1-5　What Works Centreの活動分野とそのサイクル
エビデンスを作るところから始まり、データを統合し、わかりやすくしてエンドユーザー（実務家）に届けた上で、評価・実践できるように支援し、そこで浮かび上がったエビデンスギャップを新たなエビデンス創出で埋めていくという流れができている。
出所：The What Works Network

かつ使いやすく（！）整理して提供していることが見て取れるかと思います。このように、エビデンスは質の高い研究を行って知見を蓄積していくだけではなく、**多忙な現場の実務者が日々の意思決定に使えるようにして初めて意味を持つ**とも言え、大変参考になる事例と考えられます。

　日本では 2017 年に統計改革推進会議の最終取りまとめを受けて、我が国の EBPM 推進の要として各府省に EBPM 統括責任者を置き、EBPM 推進委員会を設置して国全体として取り組んでいくこととなりましたが、**海外に比べてエビデンスを作る、使うといった文化的土壌に乏しい我が国ではそもそも専門的な人材が少なく、予算も少ない**という指摘も一部でなされています。2018 年には EBPM 推進委員会により「EBPM を推進するための人材の確保・育成等に関する方針」が定めら

46

れ、省庁横断的な取り組みが始まっています。2017年の発足から5年目に入り、各府省におけるロジックモデルの作成・活用を中心としたEBPMの実践や、人材育成などの地道な取り組みがなされ、EBPMの重要性についての職員の意識は徐々に高まっており、政策立案にあたってエビデンスの裏付けを求めていく姿勢がこれまで以上に重要なものとなってきているとEBPM推進委員会長が2021年に述べているように、**我が国でも少しずつ重要性が認識されて各省庁に浸透してきている途上**といったところでしょうか。

　限られた予算で国連の掲げるSDGs（持続可能な開発目標 Sustainable Development Goals、国連加盟国全会一致で採択された「持続可能な開発のための2030アジェンダ」に記載され2030年までに持続可能でよりよい世界を目指すという国際目標）を持続可能な形で達成していくためにも、**真に有効な政策をエビデンスに基づいて精査・立案し、実施後に評価、さらに次のエビデンス創出へといった英国 What Works Centre のようなサイクルが日本にも必要**と考えられます。ただ先行して取り組んできた米国や英国と比較するとまだ道のりは遠いと言わざるを得ない部分もあり、こうした**エビデンスを意識して何が真に有効な政策かという意識をより多くの人が持つようになることが大切**で、このことに本書が少しでも資すれば著者冥利に尽きます。

　今まで海外の事例を中心にいくつか紹介しましたが、**すべての人に関わる公共的な政策が作られる際にも、このように科学的なエビデンスを重視してその知見を生かした「よりよい意思決定をしていこう！」という世界的な潮流がある**ことを感じ取ってもらえれば幸いです。このためにもエビデンスに関する考え方や基本的な科学的データの読み方を研究者だけではなく広く知っていただくことで「共通言語」とし、様々な立場の人が建設的議論を行えるようになることは有意義と思います。経済学で現在最もホットな分野の一つであり、本書のメインテーマである集団の意思決定「コレクティブ・デシジョン・メイキング」についてみて

いく前に、エビデンスや科学的データに対するリテラシーを高めていき
ましょう。

第 2 章

社会問題に対する医学・疫学のアプローチ

多数派の専横を防ぐ

意思決定理論 と EBPM

1

疫学の父　ジョン・スノウ

視覚的に「見える化」することで原因を明らかに

　序章で研究デザインやデータの読み方の基本について、医学教育の中では**疫学（epidemiology）という分野**がカバーするものという話をしました。疫学とは何かというと「ある特定された**人間集団の中で現れる健康関連事象の頻度と分布、およびそれらに影響する因子を明らかにし**、健康関連問題への**有効な対策立案に役立てる学問**」と言えます（宮木が若い頃に奨励賞 Young Investigator Award をいただいた国際疫学会 International Epidemiological Association による定義では「The study of the occurrence and distribution of health-related events, states, and processes in specified populations, including the study of the determinants influencing such processes, and the application of this knowledge to control relevant health problems.」とされており、それを筆者が抄訳したものが上記です）。

　「人間集団の中で」というのがポイントで、細菌やウイルス、細胞、動物といった他の医学研究で良く扱うものを直接扱いません。この「**人（の集団）だけ扱う**」という特殊性が現実社会で役立つことになる有名な海外事例を一つ紹介したいと思います。これは世界的に「**疫学の父**」

と言われる英国の医師ジョン・スノウ（John Snow 1813-1858）が19世紀半ばにロンドンで起きた**疫病（当時は原因不明）の大流行を疫学の手法を用いて鎮静化**させたことです。ちなみに疫学の「疫」は疫病の「疫」と共通の漢字が使われていることからも疫病（集団発生する伝染病）との関連は深いです。当時はコレラの病原菌が見つかっておらず（その後ドイツでロベルト・コッホ（Robert Koch 1843-1910）がコレラ菌を同定したのは4半世紀後の1883年であり、コレラ菌の感染症であることは当然わかっていませんでした）、原因不明の「流行病」（はやりやまいと読みます）がロンドンの人々を苦しめていたのです。

　当時ロンドンの麻酔科医であったスノウは、この流行病の患者と死者が出た家の場所や日時を詳細に調べていきました。それを地図上にプロットしていった有名な図が現在も残されていますが（**図表2-1**）、**視覚的に「見える化」**することで、**ブロードストリートという通りにある井戸の周辺に集中して発生していることを発見**しました（観察研究observational study）。流行病の医学的な原因がどのような細菌か（あるいはウイルス、真菌などかもしれません）には全くとらわれず、**井戸の使用が発症と密接に関連していることから、共同井戸の使用を禁止するように呼びかけ**たのです。「生物学的な機序（どのような病原体がどのようなメカニズムで人体に影響を及ぼしているか）を明らかにしよう」という通常の医師であればまず考えるであろうことをあえて棚上げし、**実務的に何をすれば社会に蔓延する疫病を減らせるかにフォーカスして取りうる対策を提案**したわけです。

　のちほど、どれだけ「関連」しているからといって本当に「因果関係」があるとは限らないことは大変重要なポイントなので補足説明したいと思いますが、当時このスノウの提案に管理者が応じて井戸の利用が制限され（この段階になると単なる観察observationではなく、介入interventionと言います）、実際に流行病の発生が収まっていった（介入のあとにアウトカム指標である発症率が減少した）ことで、汚染された共同井戸の使用が発症を促進していること（原因と結果の関係、因果関

図表2-1　1854年当時のロンドンBroad Street の地図
井戸（Pump の P）と疫病による死者（黒丸）がプロットされ、中央のブロードスト
リートの井戸周辺に集中していることがわかる。

係）が示されたと言えます。疫学的なアプローチによって科学的に有効
な社会的対策を提案することができ、**病原体が何かは一切不明なままで
実務的に成果を収めたことは、「人（の集団）だけ扱う」疫学の特徴と強
みを示している**と言えるでしょう。

　ちなみにスノウは単に地図上に死者をプロットしただけではなく、こ
の疫病で亡くなった人がどこを訪問していたかや井戸の水を飲んでいた
かなど個別の症例検討（case study）も行っていましたし、**定量的な検
討として当該の井戸を使っていた工場の従業員 200 人を調べ 18 人が疫
病で亡くなっていたのに対し、ブロードストリート近傍にあるが水は当
該の井戸とは別のものを使ってた工場の従業員 535 人を調べ、5 人しか**

亡くなっていなかった（オッズ比 odds ratio を計算すると 9.63 で、当該
井戸水を使用している工場では使用していない工場より約 10 倍も疫病
による死者が出るリスクが高い）ことも調べていました。こうした一連
のアプローチはすべて「記述疫学」（descriptive epidemiology）と呼ば
れる手法です。スノウが「疫学の父」（The Father of Epidemiology）と
呼ばれるのも納得ですね。

上医は国を治す

　ジョン・スノウのように一医師が、ある地域の井戸の利用禁止を提案
し実施されたという話を聞いて、意外というか奇異に思われた方も多い
と思います。医者は（一人ひとりの「個人」としての）患者を診るのが
基本であり、ロンドンの住民といった「集団」を扱って社会的な政策を
提案するというのは一般的なイメージではないからでしょう。
　実は医者と言っても様々で、病院で患者さんを診て病気を治している
だけが医師ではないのですが、このことについて中国の古典に「上医治
国、中医治人、下医治病」（上医は国を治し、中医は人を治し、下医は
病を治す）という言葉があります。医者を上中下の 3 つのグレードに分
けるとすると、病気だけを診て治す医師は「下」に属し、病気だけでは
なく人間を総合的に見て治すのが「中」の医師、人の集団としての国
（社会）を治すのが「上」の医師だという趣旨です。出典は陳延之によっ
て中国の南北朝時代（5 世紀後半）に書かれた『小品方』という医学書
です。唐の時代には国定の医学教科書に採用されるほどの東洋医学の古
典で（もともと中医治人ではなく中医治民だったものが、唐代に第二代
皇帝（太宗）李世民の漢字を避諱した結果、中医治人となったと言われ
ています）5 世紀の南北朝時代でも十分古いですが、その元となった
「上医医国、其次医人」（上医は国を治し、人を治すはそれに次ぐ）とい
う記述は春秋時代（紀元前 8 世紀～紀元前 5 世紀の古代中国変動期）の

『国語』（別名『春秋外伝』）という歴史書（晋の歴史を記述した巻第十四　晋語八という部分）まで遡り、**医師が人だけでなく国（社会）を治すという発想は洋の東西を問わず昔からあったことがわかります**。著者の左丘明は孔子と同時代の人で「論語」の中でも名前が出てきますが、はるか昔の示唆に富む言葉が記録され、現代まで保存されていることは素晴らしいです（**図表2-2**）。

　この言葉は日本には遣隋使や遣唐使を通して入ってきており、**8世紀初頭に制定されたあの大宝律令の中で日本の国定教科書として指定を受けていたほど**ですが、今では聞いたことがないという医師が多いと思います。その後、江戸時代中期に養生訓を書いた貝原益軒は「上医は病を知り、脈を知り、薬を知る。下医は前記3つの知識がない。むやみに薬

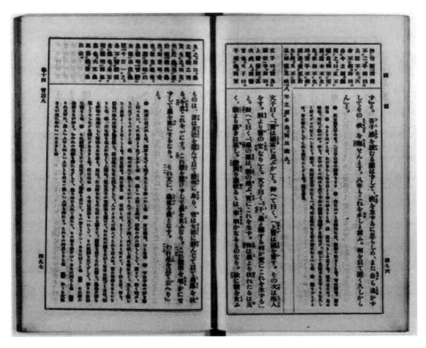

図表2-2　国立国会図書館デジタルコレクションとして公開されている「国語」巻第十四 晋語八

を与え傷つけることが多い。このなかで中医は、病気と脈と薬を知ることは上医に及ばないけれども、病気に合わない薬を与えない」と言っていて、**いつの間にか上位中医下医の分類が矮小化**されています。医療従事者にとって有名な「ヒポクラテスの誓い」にも「do no harm」という言葉があるように、患者に害を与えないという貝原益軒が重視するポイントはたしかに重要で、むやみに薬を処方して症状を悪化させる医者は「下医」に違いありませんが、目の前の患者の治療方針を考えるときにその**患者の社会的背景を考慮したり、その患者だけではなく近い状況にある複数の人々（疫学は人の「集団」を扱います）の健康やウェルビーイング（幸福）を考えるという本来の「上医」概念**が、江戸中期にすでに**薄れているのは残念**な気がします。医学と経済学の共通点という観点では、この「do no harm」という言葉をタイトルとして米国の開発経済学者であるメアリ・アンダーソンが本を書いているのが興味深いです（**図表 2-3**）。良かれと思ってしていた国際援助がかえって現地の紛争を激化させてしまったり、保護を受けるべき人々をさらに傷つけてしまったりするリスクを警告しており、人道支援に携わる人々の国際規範として広く共有されているそうで、ここでも医学と経済学の実践活動に類似性があることがわかりますね。

　「疫学の父」と言われる英国の医師ジョン・スノウのエピソードから少し話が逸れましたが、もう一つ**「日本の疫学の父」とも言われる軍医 高木兼寛**（1849-1920、後に東京慈恵会医科大学を創立）のエピソードも、大変示唆に富むので紹介したいと思います。2019年のノーベル経済学賞は医学分野で発展してきたランダム化比較試験（RCT）の応用であったことは前述の通りですが、**19世紀末期（明治時代）に日本において初めてとも言えるランダム化比較試験に近いものを実施して当時問題になっていた疾患**（この疾患もスノウのコレラと同様、当時は病原菌が同定されていませんでした！）**の対策方法の有効性を示し、それが多くの人々（主に日本海軍の将兵たち）の命を救う**ことにつながりました。その疾患というのは、ビタミン B1 が欠乏して起きる「脚気」（beriberi）で、手

56

図表2-3　*DO NO HARM*の書影
出所：*Do No Harm: How Aid Can Support Peace---or War*, by Mary B. Anderson. Copyright
　　© 1999 by Lynne Rienner Publishers, Inc. Used with permission of the publisher.

足のしびれや心機能低下による足のむくみなどの症状が出て重症化すれ
ば死に至ることもある重大な病気でした。

　19世紀半ばのロンドンの疫病流行の原因がコレラ菌であったことがあ
とで（約四半世紀後にドイツのコッホが同定）わかったように、この**脚
気がビタミン B1 不足によるということもあとで（同じく約四半世紀後
の 1910 年に東京帝国大学教授の鈴木梅太郎が発見）わかったことで、
当時は原因不明の流行病だったのです**。明治時代に大流行し、のちに結
核と並んで2大国民病と言われるほどの社会問題だったのです。

　足のしびれとむくみが特徴的なため「脚気」と名付けられたこの疾患

は、重篤化すると死に至ることもあると書きましたが、遠洋航海に出ることも多い海軍では脚気が多発し、死者も多数出るという痛ましい状態でした。薩摩藩の軍医で戊辰戦争にも従軍したことのある高木兼寛は、海軍に入り英国留学を経て帰国し、のちに海軍の軍医総監まで務めた逸材で、**この問題に鋭い観察力に基づいて積極的に取り組み**ます。高木のいた英国では脚気はほとんど知られておらず、留学先のセント・トーマス病院では一例も見なかったようです。また日本での発生状況を見ると、貧困層では少なく富裕層に多いという特徴があり、刑務所にいる囚人では発症が極めて少ないことにも気が付きました。また貧困な農家出身で健康だった若者が海軍に入ると急に発症者が増えることと併せ、高木は食事に原因があると推測しました。

　貧しい農家では食べることの少なかった白米が軍隊では十分すぎるほど支給され、白米主体の食事によってなんらかの物質が不足して（窒素と炭素のアンバランスを高木は疑っていました）この疾患をきたすと高木は考え、麦や大豆や肉をバランス良く含む食事にすることで、事態を改善できるのではないかと考えたわけです（後に鈴木梅太郎博士が米糠からチアミンと呼ばれる水溶性ビタミンを抽出することに成功し、これがビタミン B1 でこの不足が脚気の原因だったわけですが、胚芽部分に多いビタミン B1 は精米でほとんど取り除かれてしまい白米にするとわずかしか残らないこと、当時は一汁一菜といっておかずの品目が少なく、ご飯をたくさん食べていたことが重なって、ビタミン B1 不足に陥っていたわけです）。

　このように書くと、食事に問題があるとする「食物原因説」はもっともで自然に受け入れられたように思われるかもしれませんが、**当時の医学界ではドイツ医学の流れをくむ東大派の森林太郎（小説家としての名は鷗外）が唱える「細菌原因説」が主流であり、激しく対立**しました。**高木の留学先は英国で、イギリス医学を学んでいた**ことを思い出してください。森林太郎は陸軍軍医学校（現在の新宿区にある国立国際医療研究センター。宮木は以前同センターの臨床疫学研究室長として奉職して

図表2-4　徹底した史実調査に定評のある吉村昭による高木を主人公とした小説『白い航跡』の表紙を飾る軍艦「筑波」
出所：講談社、吉村昭著、『白い航跡』

いたことがあるのですが、森鷗外が当時実際に使っていた机が同センター内に展示されていて印象的でした）の校長や軍医総監を務めたことから、**海軍と陸軍の対立**とも言えますが、このあたりの詳細は講談社から出版されている吉村昭さんの小説（**図表2-4**）に詳しいので、興味がある方はご覧になってください。

　高木の素晴らしいところは、白米中心の食事から麦や大豆や肉、野菜をバランス良く含む食事にすること（兵食改革といって兵士たちの食事を洋食と麦飯中心に変更）が、遠洋航海で多くの犠牲者を出していた脚気の予防に効果があるということを、演習航海の船2隻を使って科学的に証明したことです。前の年に多くの犠牲者を出していた太平洋を往復する演習艦「龍驤」と同じ航路（南米のペルーからハワイを経て帰国する太平洋横断ルート）を新たに演習艦「筑波」（それまでの乗員における脚気発症規模は龍驤と同等でした）にも取らせ、「筑波」に乗船する兵

士たちには上記の改良食を出し、「龍驤」に乗船する兵士たちには従来の食事を出すという実験的な演習航海を 1882 年（明治 15 年）に行いました。現在の知見をもとに疫学的にコメントすると、**改良した食事以外の要素をなるべく同じにした 2 つの艦（介入群：筑波、コントロール群：龍驤）に兵士を無作為に割り当てて比較を行うクラスターランダム化比較試験（cluster randomized controlled trial）とも呼べるエビデンスレベルの高い実証実験方法**です。その結果は軍艦筑波からの「ビヤウシヤ ーニンモナシ アンシンアレ」という電報に象徴される顕著なもので、272 日の航海を終えた「龍驤」での脚気による死者が 25 名いたのに対し、同一航路で 287 日の航海を終えた「筑波」での脚気による死者は一人もいませんでした。同期間における脚気発症者は龍驤 169 名に対し、筑波 14 名であり、**死に至るような重症な脚気がほぼ完全に予防され、軽症を含めた発症者も 10 分の 1 以下に抑制できることが、エビデンスレベルの高い研究手法で証明された**わけです。これを受けて海軍では **1883 年に兵食改良を行い、脚気患者は激減していって 1886 年以降には犠牲者をほとんど無くすことに成功**したのです。

　繰り返しますがビタミン B1 が発見されたのが 1910 年であり、その不足が招く脚気という**病気のメカニズムが全くわかっていなかった当時でも、発症者の統計情報を思慮深く観察して仮説を導き、その有効性を信頼性の高い研究手法で明らかにして実社会での問題解決に結びつけたことは大変素晴らしく、世界的にも注目を集めたことは示唆に富む**と思い紹介しました。医学というと病気を治すというイメージが先行しますが、こうした疫学の研究手法は病原菌や病気のメカニズムがわからない段階から、社会問題に対して有効な解決策を提示しうること、こうした研究手法の知見は最新の経済学研究とも結びつく学問分野を超えた「共通言語」にもなりうることを認識いただけると有意義かと思います。こうした手法を用いて構築されたエビデンス、科学的根拠が適切に解釈され、様々な社会的な課題に関わる多様なステークホルダーが議論していく礎になるのではないかと期待しています。

2
疫学から見た
統計データ解釈時の落とし穴

平均値と中央値

　この章ではもう少し、**医学（疫学）の観点からデータを解釈するとき
の落とし穴（pitfall）について触れておきたい**と思います。様々な落と
し穴の中で、普段の生活で最も身近な統計量である「平均」（mean）に
ついて考えてみましょう。一般的に何の前提も置かずに「平均」といっ
たときは算術平均（arithmetic mean）のことを指し、集合の要素の総和
を集合の要素数で割ったものと定義され、具体例を挙げると、あるクラ
スの平均身長といえばクラス全員の身長を足し合わせ（総和）、クラス
の人数（要素数）で割ったものとなります。皆さんがご存じのように、
この平均値（mean value）を見れば、ある集団（今の具体例であれば、
あるクラス）の特性（この例では身長）が高いか低いかのおおよその見
当がつくというように、代表値 typical value（集団の中心的傾向を示す
値）の代表というか最も有名なものです。

　代表値の代表とダジャレのように言いましたが、**ある集団の特性を一
つの数値で代表させる便利な平均値にも弱点があり**、集団の特性として
その数字だけを提示すると間違った印象を与えてしまう恐れがありま
す。**代表値のもう一つ有名なものに中央値（median、順位が中央である**

値のこと）というものがあり、これと対比して公的データの具体例を見てみましょう。

　図表 2-5 は内閣府が公表している満足度・生活の質を表す指標群（ダッシュボード）から、金融資産残高というパネルを抜き出したもの（2022 年現在）です。

　内閣府の満足度・生活の質を表す指標群（ダッシュボード）について補足すると、国民の幸福度（ウェルビーイング）を多面的に把握しようという国際的な流れから、日本でも経済社会の構造を人々の満足度（Well-being）の観点から多面的に把握し、政策運営に生かしていくことを目的として設定された指標の集まりです。経済協力開発機構（OECD、ヨーロッパ諸国を中心に日・米を含め 38 カ国の先進国が加盟する国際機関）が作成している Better Life Index を元に国民生活を 11 分野に分け（オリジナルから 2 分野削除・2 分野追加）、統計データを用いて一覧表示できるようになっています（**図表 2-6**）。この中の「家計と資産」満足度に影響を与える客観指標の一つがこの「金融資産残高」となります。

　執筆時（2022 年）に公表されている資料で 2019 年のデータという古いデータがダッシュボードに掲載されていることはマイナーな突っ込み

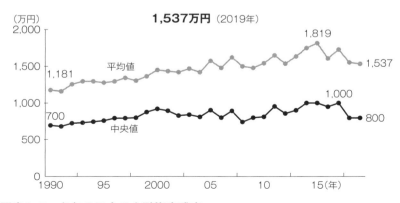

図表2-5　各年の日本の金融資産残高
出所：内閣府（満足度・生活の質に関する調査報告書）

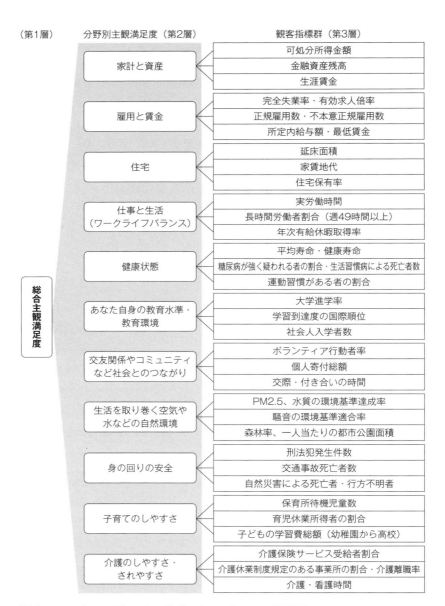

図表2-6　ウェルビーイングダッシュボードの体系図
出所：内閣府（満足度・生活の質に関する調査報告書）

どころですが（元データの「家計の金融行動に関する世論調査」は日本銀行情報サービス局内に事務局がある金融広報中央委員会が毎年行い毎年公表されているため、時間的ずれは 1 年以内が望ましい）、それはさておき**内閣府の金融資産残高のパネルに平均値をピックアップして「1537 万円」と大書**されていることに違和感を覚える方も多いのではないでしょうか。つまり日本人全体の集団を代表する値としてこの数字が挙げられていますが、多くの方にとって「**みんなそんなに資産を持ってるの？**」**というのが直感的な印象**と思います。結論を先に言うとその**直感は正しく、資産額の分布のように正規分布**（normal distribution）**とは呼べない歪んだ分布では、代表値として平均値**（mean）**よりも上述した中央値**（median、**資産の多い人から順に全員を並べてちょうど真ん中の順位の人の資産額、図が示すように 800 万円）の方が全体を代表する値としてふさわしいのです。**1500 万と 800 万では 2 倍近く違いますが、平均値はその定義から予測されるように、一部の大金持ちがいることで数値が上にひっぱられてしまうため、このような乖離が生じてしまいます。つまり**平均値と言われると全体の傾向を表すと思い込んでしまいがちですが、正規分布を仮定できないようなゆがんだ分布（対称性がない分布）においては中央値の方が全体を代表する値としてふさわしい（平均値はミスリードしやすい）**と言えます（ちなみに正規分布の場合は数学的に平均値と中央値が常に同一の値となりますので、本例のように乖離があるということはそれだけ分布に「歪みがある」（skewed）とわかります。両者が併記されているときは比べてみてください）。

　平均値と中央値のずれについて、より視覚的に理解されたい方は**図表 2-7** の金融広報中央委員会が仮想の 9 人のデータを用いてわかりやすい資料を作成していますのでご参考まで。

【BOX1】 平均値と中央値

下の例をみると、金融資産保有額の平均値は1,563万円となるが、金融資産保有額が
1,563万円を超えているのは2世帯だけなので、ほかの7世帯は「自分はそんなに多くの
金融資産をもっていない」と感じるだろう。このように、平均値は少数の高額資産保有世
帯によって大きく引き上げられることがあるため、平均値だけでみると、多くの世帯が実
感とかけ離れた印象をもつのである。

このような平均値の持つ欠点を補うために、ここでは平均値と並んで中央値を用いて一般
的な家計像を捉えることとする。ここで言う中央値とは、調査対象世帯を保有額の少ない
順（あるいは多い順）に並べたとき、中位（真ん中）に位置する世帯の金融資産保有額の
ことである。例えば自分の金融資産保有額が中央値（下の例では450万円）である世帯
からみると、保有世帯のちょうど半分の世帯が自分の金融資産保有額よりも多くの金融資
産を保有し、ちょうど半分の世帯が自分の金融資産保有額よりも少ない金融資産を保有し
ていることになる。従って、中央値は世帯全体の実感により近い数字になると考えられる。
今回調査では、金融資産保有額の中央値は450万円となっている。

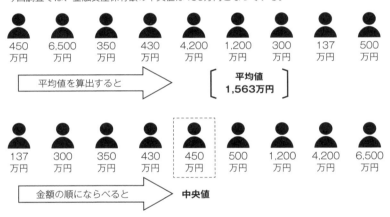

図表2-7 「家計の金融行動に関する世論調査」2021に示された平均値と中央値に関する囲み記事

この例でも平均値と中央値で約3倍違っており、どちらを代表値として提示するかで
印象は大きく異なる。

出所：金融広報中央委員会

データを見る目を養う

　ゆがんだ分布（対称性がない分布）では中央値の方が全体を代表する値としてふさわしいと言いましたが、それでは最初のダッシュボードの金融資産残高パネルにおいて、大きく書くべきは平均値の 1537 万円ではなく、中央値の 800 万円の方で、この値が日本人全体を代表していると解釈してよいでしょうか。実はまだ十分ではなく、**こうした統計データを見るときには「どのような集団を調査したのか」に十分気を付けなくてはなりません。**「本当にみんな 800 万円も持っているのか」と疑問に感じた方の直感は正しいのですが、上記ダッシュボードに掲載されている平均値 1537 万円、中央値 800 万円という値は上述の家計の金融行動に関する世論調査の中の「金融資産保有世帯の金融資産保有状況」を引用した値です。「**金融資産保有世帯の**」という枕詞に注目してほしいのですが、**金融資産を持っていないという世帯も当然存在する中で、資産を保有する世帯のデータ「だけ」を集計した結果ということに注意が必要**です（内閣府ダッシュボードのパネルに、データの出所に関する詳細情報が併記されていないことは残念で、突っ込みどころの一つです）。

　「金融資産保有世帯の金融資産保有状況」ではなく、**枕詞のつかない「金融資産の保有状況」というデータも同年に存在し、そちらであれば平均値 1139 万円、中央値 419 万円となっています。すなわち金融資産を持たない世帯を含めて、日本人全体の真ん中の世帯が 400 万円程度の金融資産を持つという理解が実態に最も即している**といえ、オリジナルの図に大書されている 1537 万円とは随分印象が違う！　ということになります。ちなみに元データで調査された世帯は世帯主が 20 歳以上でかつ世帯員が 2 名以上という条件を満たす世帯であり、世帯主の平均年齢は 58 歳だそうなので、若い世帯主の方が「うちは 400 万円もないよ」と嘆く必要はないことを申し添えます。蛇足ついでに、単身世帯のみを調査した結果も金融広報中央委員会から公表されており、**単身世帯の金**

融資産保有額の平均値 645 万円、中央値 45 万円となっています。若い単身世帯の方の実感としては、この「中央値」45 万円というのが代表値として納得しやすいと思われ、十分な説明なくウェルビーイングダッシュボードのパネル上に太字で公表されている「平均値」1537 万円を鵜呑みにしてはいけないことがよくわかると思います。

　このように政府の統計データであっても、決して間違った値とはいえないながら実態と乖離した印象を与えかねない値が強調されていることがあり、（作成者が意図的か意図的でないかを問わず）こうした資料にミスリードされないように私たち一人ひとりがデータを見る目を養う必要があると思います。ただ多くの国民が目にする公的なデータをわかりやすく要約する場合、読み手全員にデータをしっかり読めるリテラシーを前提にするのは無理があるのも事実で、書き手（資料作成者）側の配慮も必要となります。この図が内閣府作成のものであることから、歪んだ分布でも平均値を太字表記する官僚のデータリテラシーやデータセンスが心配になってしまうのは私だけではないかもしれません。

　本書の後半で、この「中央値」の持つ性質を上手に使った集団の意思決定法（マジョリティジャッジメント、Majority Judgment）が紹介されますが、数学的な特性を生かしたシンプルかつ頑健な（ロバストネス robustness といって様々な外部影響を受けにくい性質を指し、安定して正しい結果が得られやすい意）素晴らしい方法なので、是非楽しみに読み進めてください。このマジョリティジャッジメントという投票手法は実際にフランスで公共の予算配分に使われ始めており、こうした多数決よりも優れた点を持つ意思決定手法が日本でも普及し、公的資金がより有効に活用されることを祈念します。

3

相関関係と因果推論

相関とは何か

　先ほどは代表値の代表とも言える平均値と中央値について説明しましたが、もう一つ**相関関係と因果推論というデータ解釈時に極めて重要な話**をしておきたいと思います。統計の言葉ですが、ある **2 つの変数間に関係性が見られることを相関がある**（correlated）といいます。片方が増えるともう片方も増えるなら「正の相関（positive correlation）」、片方が増えるともう片方が減るなら「負の相関（negative correlation）」があると表現します。

　公開されているデータを使って具体的に見ていきましょう。**図表 2-8**は内閣府が全国の都道府県で行ったウェルビーイング調査（満足度・生活の質に関する調査）のデータを筆者が解析したもので、主観的なつながり満足度のスコア（0 点～10 点の 11 段階）ごとに総合満足度（10 点満点）の平均値を棒グラフにしたものです。社会的なつながりに関して満足度が低い方ほど、総合満足度が低くなり、つながりの満足度が高い人ほど総合満足度が単調に高くなっていますね（ちなみに相関は本来、連続変数といって飛び飛びの値ではない変数同士の関係を指しますが、この満足度スコアのような 5 件法以上の離散変数は連続変数とみなして

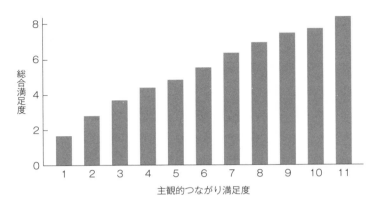

**図表2-8　内閣府ウェルビーイング調査の主観的つながり満足度と総合満足
　　　　　度（幸福度）の関係**
つながり満足度が高まるほど総合満足度も階段状に高まり、量反応関係が認められる
（dose-dependent）とも表現する。
出所：内閣府データをもとに筆者作成

解析することがあるため、本書ではこれらの変数を使って説明します）。

　このように片方が増えるともう片方も増えるなら関係を正の相関
（positive correlation）と呼ぶと前述しましたが、**どのくらいその関係性
が強いかを可視化するのがピアソン相関係数**（Pearson correlation
coefficient、ピアソンのrと呼んだり、単に相関係数とも呼びます）で
す。**この相関係数は2つの変数間の直線関係の程度を表すもので、－1
から1までの値をとります。0から1の範囲にあれば正の相関、－1か
ら0の範囲にあれば負の相関**で、実際に内閣府のデータを解析すると相
関係数r = 0.5838と正の相関にあることがわかります。相関係数が0の
**ときは2変数の間に関係性が全くない状態、絶対値が1に近づくほど
（つまり負の値であれば－1に近づくほど）変数間の関係性が強いこと
を示します。**

　上記の例は明らかに相関している例ですが、**統計学的に本当に相関し
ているかを見るにはどうしたらよいでしょうか？　この判断にはp値
（p-value）が役立ちます。**先ほどの解析結果で相関係数r = 0.5838と説

明しましたが、このとき同時に p 値が計算され付記されることが多いです。この場合、p<0.0001 なので r = 0.5838（p<0.0001）と学術論文などでは記載されます。p 値の p とは**確率を意味する probability の頭文字で、もし両者の関係性が全くなかったとしたときにこのような相関が観測される偶然の確率**を示します。ここでは 0.01％以下の確率ということでほぼ偶然にはありえないと言えるため、**統計学的に有意（significant）といい、相関関係があることが確からしい**ことがわかります（ここで出てきた**相関の「有意性」と前述の相関の「強さ」は関係ありませんのでご注意**ください。r が小さくても有意なこともあれば、r が大きくても有意でないことはあります）。

　先ほど「ほぼ偶然にはありえない」と言いましたが、この判断には世界的に用いられる共通の基準があります。「5％の有意水準」というような言葉を聞いたことがある方がいるかもしれませんが、**一般的に 5％を下回れば「ほぼ偶然にはありえない」と統計学の世界では判断するという慣習**があります。つまり上記の例では 0.01％以下と 5％よりも小さいため、統計学的に有意と判断されるわけです（表現を変えた繰り返しになりますが、p 値がとても小さいと相関が強いと誤解されている方を散見しますので、**有意性の判定と相関の強さは関係しないことを再度強調**しておきたいと思います）。

　このように、相関係数を見れば相関の強さ（ちなみに 0.6 くらいというのはある程度の強さの相関があると言えます）がわかり、p 値をみればそれが統計的に有意な（偶然の結果ではない）ことがわかり、主観的なつながりに関する満足度が高くなると、総合満足度が直線的に高くなることがわかるというわけです。

　ここで p 値の話を取り上げたので大事な脱線を少し。この **p 値が有意水準（一般的には世界的に 5％を用います）を下回るか否かという統計学的な有意性の判定は普遍的**なもので、相関関係が偶然とは言えないという上記のような判断だけでなく、**他の様々な統計解析手法でも用いられますので覚えておいて損はないです。p 値が有意水準を下回れば帰無**

仮説（null hypothesis、上記の例では2変数間に直線的な相関関係がないという仮説）が棄却されて、関係があると結論付けられます。例えば群間の平均値の比較（t検定という言葉を聞いたことがある方も多いでしょう）といって2つのグループ間である変数に差があると言えるかを判断したいときがあります。ここでも算出されたp値が有意水準を下回ればグループ間に「真に差がある（差がないという帰無仮説を棄却できる）」、有意水準以上であれば「真に差があるとは言えない（差がないという帰無仮説を棄却できない）」と判断できます。

　例えばある小学校に1組と2組の二クラスがあって算数テストの平均がそれぞれ80点と75点、p値が0.08（偶然このような差が観測される確率が8%）だったとすると、5%の有意水準を下回らないため1組の算数テスト学力は2組よりも「高いとは言えない」、つまりクラス間で5点差がついているが本当に学力差があってついた差ではなく偶然の結果である可能性を捨てきれないと判断できます。

　p値を用いた統計学的な判断は様々な統計解析で普遍的に用いられて大変便利なので是非上記のような判断方法を習得していただければと思いますが、このp値が偶然に差が観測される確率であるという定義からもわかるように、こうした統計学的な有意性の判定には弱点があります。それは繰り返し適用するときに注意しないと間違った結論になってしまうことで、検定の多重性の問題（multiple comparisons problem）として知られています。慣習的に用いられる5%というのは20回に1回という確率ですから、ざっくり言うと同じ検定を20回以上何度も繰り返していると、真に差がなくてもそのうち一度くらいは5%の有意水準を下回るデータが得られてしまい、「有意差あり」という間違った判定になることがあるということです。

　このため、こうした検定を繰り返す場合は多重比較法（multiple comparison procedure）と呼ばれる手法を用いたり、有意水準を厳しくする（5%でなく1%とする、あるいは繰り返し回数をnとして5/n%とする）などの対処法がとられます。こうしたテクニカルなことは一般の

方が詳細を知っておく必要は必ずしもないのですが、なぜこの問題を指摘したかというと、**世界中で同じテーマの研究が複数行われて複数の論文が出たときにこのような現象を目の当たりにすることがあり、単一の論文の結果を過信しないように注意してほしい**からです。つまりそれぞれの論文は適切な手順に則って実験や調査を行い、適切に統計解析していたとしても、**意見が分かれる（controversial）結果が得られうる**ということです。これは最初の章で説明した最強の研究デザインであるランダム化比較試験（RCT）でも同様で、同じテーマのRCTでも反対の結果を示す論文が出てきてしまうということです。この過ちを避けるためにメタ解析（meta analysis）という複数の論文データを統合する手法があり、序章で紹介した通り（ピラミッドの図を思い出してください）エビデンスレベルの最高峰にRCTのメタ解析が来ることの意味がわかるかと思います。

　脱線ついでにもう一つ、**バイアス（bias）と呼ばれる偏りや認識の歪みに関する注意事項**に触れたいと思います。本当は差がない（真に差がない）のに「有意差あり」と誤判定してしまうのは5%の有意水準で20回に1回以下くらいなんだから心配しすぎでは、とお考えの方も間違っていないのですが、**科学論文の世界ではもう少し誤判定の可能性が高まる**ことが知られています。**その原因は「出版バイアス」**（publication bias）というもので、論文が科学雑誌に投稿されてそれが出版されるかどうかに、有意差の有無が影響することが知られています。

　国際的な学術雑誌に論文を投稿すると必ず、ピアレビュー（peer review）といって当該領域の専門家（通常複数）がその論文を読んでその論文が国際誌掲載にふさわしいか否かを判断します。そうした査読（review）を経て採択（accept）された論文だけが出版され、世に出るわけですが、このときに「有意差がなかった」という内容の論文より「**有意差があった」という内容の論文の方がインパクトがあり、採択されやすいという判断の「偏り」**が出てしまいます。有意差が見られなかった

というネガティブな報告（negative report）も（適切にデザインされサンプルサイズが十分という前提で）本当は科学的に大変有意義なものですが、一般的な査読者は雑誌を面白くするために（読者の気を引く、あるいは世の中の注目を集めるために）「有意差がみられた」という論文を採択しがちであるという傾向（偏り）が知られているのです。このことは**査読の段階だけではなく、投稿するかどうかを判断するときに著者側にもかかってきてしまうため**（つまり多くの研究者は有意差が出たら喜んで投稿しようとすることが多いのですが、有意差が見出せなかったという結果のときは投稿しても採択されにくいから投稿をあきらめがちになるという二重のバイアス）、**純粋に確率的な問題から誤判定が起きる確率よりも高い確率で、誤判定した論文が世に出てしまうことは知っておいてください。**ちなみに複数の研究を統合する**メタ解析（meta analysis）の際、集められた文献情報からこの出版バイアスがどのくらいありそうかをファンネルプロット（funnel plot）という漏斗のような図で「見える化」することができます。**出版バイアスが認められればそれを補正したデータ統合を行うべきなので、そうした補正がしてあるかについても注意してみてください。

　繰り返しになりますが、どんなに立派そうな研究や論文であっても、その論文の結論を鵜呑みにしてはならないということになります。**論文が多数出ているようなテーマであればメタ解析で複数の論文データを統合した結果が一番確からしく、論文が少ないテーマであれば異なる研究グループが同様の検討をしても同じ結論になっていればかなり信頼できる**と判断してもらうのがよいかと思います。

■■■

COLUMN

出版バイアスを回避するための
ランダム化比較試験事前登録制度

　新しい治療法が従来の治療法に比べて有意に優れていることが示された研究は、有意に差が示されなかった研究よりも積極的に投稿され、出版社も前者を受理・掲載する確率が高いため、公表される論文情報にバイアスがかかってしまう話を紹介しました。**新薬が承認されるためには国際的にランダム化比較試験で有効性が示されなければならないことになっていますが、この出版バイアスをそのままにしておくと本当は有意に優れていない薬が有意に優れているという結果が掲載されてしまう可能性が高まり、由々しき事態**と言えます。製薬企業やそこから研究費を得た研究者がポジティブな結果だけを意図的に公表していけば、その企業に有利な結果にミスリードできてしまうのです。また効果がないという結果が公表されないと、実施する意味が乏しい研究が繰り返されてしまい研究資源の浪費になりますし、臨床試験への参加者に不利益をもたらします。

　このために国際的な動きとして、**医学研究に携わる者の倫理指針を示すヘルシンキ宣言（2000 年のエジンバラ改訂）にて研究情報や結果の公開に関する内容が盛り込まれ、ポジティブな結果・ネガティブな結果ともに広く利用可能な方法で公表しなければならないという条文が追加**されました。またこの年から米国では世界中の臨床研究情報を集めた ClinicalTrials.gov のサービスが開始され、**臨床研究の結果が出る前に事前登録をする仕組みができました。**2004 年には ICMJE（International Committee of Medical Journal Editors、医学雑誌編集者国際委員会）が**臨床試験の事前登録を行わない研究はどのような結果であっても主要な医学雑誌（Lancet や JAMA といった超一流医学雑誌）に掲載しないという方針**を打ち出してから、この事前登録制度が一気に実効性を持った感があります。

　2005 年には世界保健機関（WHO）が臨床試験の登録項目として 20 項目（試験識別番号、試験登録日、副次的な識別番号、研究費提供源、主要試験実施組織、共同試験実施組織、公衆からの問い合わせ先、科学的な問い合わせ先、試験

74

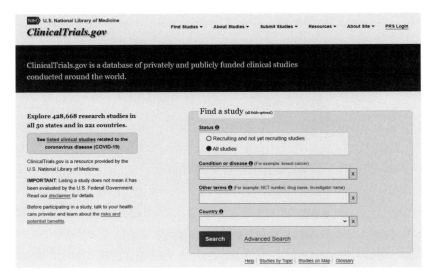

図表2-9　Clinical Trials.govのサイト
出所：https://clinicaltrials.gov

の一般向けタイトル、試験の科学的タイトル、参加者募集国、対象疾患または健康状態、介入の内容、主要組み入れ基準と除外基準、研究タイプ（研究デザインやフェーズ）、組み入れ開始日、サンプルサイズ、進捗状況、主要アウトカム、重要な副次的アウトカム）を定め、**翌年には国際的な臨床試験登録プラットフォーム ICTRP（International Clinical Trials Registry Platform）が WHO により設置**されました。2017 年には臨床試験登録項目に 4 項目（倫理審査の状況、試験の終了日、結果の要約、匿名化されたデータ共有に関する計画の有無と説明）が追加され、現在に至っています。

　こうした WHO による項目追加により、従来の試験計画についての情報のみならず、試験結果についても公開されることで臨床試験の透明性が一段と向上しました。**こうした国際的・中立的なデータベースが作られ機能することで、臨床試験の出版バイアスが軽減されている**ことは（多くの方は意識していないかもしれませんが）社会にとってとても素晴らしいことと思います。本バイアスに限らず、**様々なバイアスを軽減する努力は最大限するべきであること**、また何らかの

図表2-10　ICTRPのフロントページ
出所：https://www.who.int/clinical-trials-registry-platform

バイアスがある場合にそれが研究結果へどのような影響を及ぼしうるかを考慮す
ることは大変重要であるため、何らかの研究成果を見たときに常に「バイアス」
を意識してもらえれば幸いです。

因果関係の判定を誤る落とし穴

　「相関関係と因果推論」という見出しで、前者の説明が少し長くなり
ました。統計学的に有意な相関が見られるか否かを判定する方法につい
て概説しましたので、どこかで相関係数 r や p 値が出てきても本書の読
者であれば今後その判定ができることと思います。ここで落とし穴がも
う一つあるのですが、**統計学的に有意な相関があり、2つの変数間をプ
ロットして視覚化しても間違いなく相関していることがわかったとして**

も、これらの情報だけでこの2つの変数間に因果関係があるとは言えません。先ほどの例で言えば、つながりの満足度が高いと幸福度（総合主観満足度）が高いという相関はたしかにありますが、つながりの満足度を高めれば（原因）幸福度が上がる（結果）という結果になるとは必ずしも限らないということです。

　上記の例のように、かなり綺麗な相関が見られていれば因果関係がありそうに思いますが、**本当に因果関係があることを示すには相関関係を確かめるだけでは不十分で（必要条件ではありますが十分条件ではない）、科学的にきちんと証明するにはランダム化比較試験（RCT）を行い、つながり満足度を高める介入を行う群と、行わない群との間で幸福度の変化に有意な差があるかを示さないと厳密に因果関係があるとは言えない**ということをまずはご理解いただければと思います。RCTで証明する以外に、因果関係を推論する方法については後述しますが、**相関関係がみられたときに必ず知っておきたい言葉があるのでそれを説明します。それは「交絡因子」**（confounding factor）**と呼ばれるもので、2つの変数の相関関係の背後にある第3の相関因子のことです**（医学領域ではこのように呼ばれるこの因子は、経済学では「共通要因」（common-cause factor）と呼ばれることが多いそうですが、分野により専門用語が異なっても本質的に同じ概念を指していて、それだけ重要な概念であると考えられます。交絡要因（confounder）とも呼びます）。

　抽象的すぎてわかりにくいと思うので、わかりやすい医学的な例を挙げて説明したいと思います。あなたは医学研究者で、「飲酒」と「肺がん」の関係を調べているとしましょう。様々な人の飲酒量を調べ、その後の肺がんの発症をカウントして飲酒量と肺がん発症（2つの変数）の間に相関があることを突き止めました。統計学的検定を行い、p値が5％未満となって有意な結果が得られたとしたとき、飲酒が肺がんの危険因子（risk factor）だといってもよいものでしょうか？　ここで2変数の相関関係の背後にある「交絡因子」について考えないといけません。例えば酒を飲む人はタバコを吸うことも多いことは皆さんの周りを見て

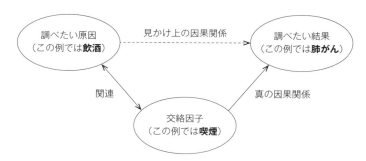

図表2-11　交絡因子の図

も納得のいくことと思いますし、タバコを吸っていると肺がんになりやすくなることをご存じの方も多いでしょう。すなわち、この例では「喫煙」が「飲酒」と「肺がん」という 2 変数の相関関係の背後にある第 3 の相関因子となるわけです。

　交絡因子の条件として、1）アウトカムに影響を与える、2）要因との関連がある、3）要因とアウトカムの中間因子（間に介在する因子）ではないという 3 つの条件が必要となりますが、喫煙は肺がんに影響を与え、飲酒と関連があり、飲酒と肺がんの中間因子ではないのでこの条件を満たします。つまりこの例の喫煙のような「交絡因子」の存在に注意しないと、見かけ上は飲酒者に肺がんが多くみられたことから飲酒と肺がんにあたかも関係があるかのように間違った判断を招いてしまうわけです（仮説検定においてこうした誤りを「第一種の過誤」Type I error と呼ぶことがあります。別名「あわてんぼうのエラー」で、本当は差がないのにあると慌てて思ってしまうことから非公式にこう呼びます。逆に、本当に差があるのにないとぼんやり見過ごしてしまうことは「第二種の過誤」Type II error と呼ばれ、別名「ぼんやりエラー」とも言います。ローマ字の頭文字が A と B で思い出しやすいため、ご参考まで）。

　こうした**交絡因子があらかじめわかっている場合**、どうすればその影響を回避できるでしょうか？　その一つは**層別化**です。この例であれば、あらかじめタバコを吸ったことがない禁煙者だけを対象に飲酒と肺

がんの関係を調べれば、この交絡因子の影響を回避できます。見かけ上の因果関係なので、層別化するとおそらく有意な結果にならなくなるでしょう。禁煙者に限るだけでなく、同定度喫煙する人だけに限定してもよいです。このことは飲酒のデータを集めるときに、関連する喫煙の影響が出ないようにサンプリングするということでもあります。実はランダム化比較試験（RCT）を行うと、こうした交絡因子があってもそれが介入群と非介入群（この例であれば飲酒群と非飲酒群）で均等に分布するようになる（喫煙量にかかわらずランダムにサンプルを選んでいくためそうなります）ため、その影響を回避することができます。さらにRCTのすごいところは、上記の例のように「既知」の交絡因子だけでなく、「未知」の交絡因子（現時点では科学的に明らかにされていないが実は交絡しているという因子が存在する可能性は常にあります）についてもその影響を回避することができるのです。未知の因子がいくらあってもランダムに割り付けることで影響を回避できるというのは大変すごいことで、RCTは人類にとって20世紀最大の発明と言っても過言ではないと私が思う理由の一つでもあります。

　既知の交絡因子に対しては層別解析を行うほかに、多変量解析（multivariate analysis）と呼ばれる統計解析手法を使うことで事後的にその影響を軽減することもできることは知っておいてください。ただ「軽減」と書いたように完全にその影響をなくすことができるとは限らないため、既知の交絡因子は研究をデザインする段階で層別化などの対策をしっかりとっておくことをお勧めします。

　ランダム化比較試験（RCT）はとにかく強力な研究手段であり（未知の因子も含めて）交絡因子の影響を取り除けることをお話ししましたが、いつでも簡単にできるものではありません。そうした場合でも因果関係を推論する方法がいくつか知られていますので、紹介したいと思います。

　まず因果関係（causality）とは何かを確認しましょう。広辞苑によると「原因とそれによって生じる結果との関係」を因果関係といいます。

前述したように（必要条件だが十分条件ではないと表現しました）、**相関（correlation）があることは因果関係の前提となりますが、相関があるだけで因果関係があるとは断定できません**。統計学の世界でよく言われる「Correlation does not imply causation.」というのはこのことを指しています。

　ではどのような情報が得られれば、因果関係があると推論できるでしょうか。疾患とそのリスク因子（risk factor）の因果関係について、疫学分野で**古典的ですが現在も広く使われている判定基準**（1965）があるのでご紹介しましょう。ブラッドフォード・ヒルの因果性判定基準（Hill's criteria、ヒルの基準）というものが最も有名で、9つの項目からなります。いずれも大事な考え方なので一つ一つ見ていきましょう。

1）関連の時間性（Temporality）

　原因と考えられる要因が、結果（例えば疾病の発症）よりも時間的に先行することで、原因は必ず先に起こっていなければなりません。リスク因子への曝露 exposure（例えばタバコを吸うこと、タバコの煙にさらされること）は疾患発症（例えば肺がんになること）の前に起こるものであって、後から起きたことが前に起きたことの原因になることは絶対にありません。**当たり前のようですが、2変数の相関データに時間の概念はないため、こうしたことへの配慮は大切**です。**真の因果関係であることの必須条件**と言えます。

2）関連の強固性（Strength）

　原因と考えられる要因と結果が強く関連すること。リスク因子に曝露したグループでの疾患を発症する割合が、リスク因子に曝露していないグループでの疾患を発症する割合に比べて高ければ高いほど、そのリスク因子と疾患の因果関係の可能性は高いと言えます。つまり**相対危険（relative risk）の値**（例えば喫煙すると何倍肺がんになりやすいか）**が大きいことが因果関係を示唆**します。煙突掃除夫の睾丸腫瘍

による死亡率は他の労働者より 200 倍も高いことが有名で、煙突掃除に伴う発がん物質への曝露が特定のがん発症を強く引き起こすことが示唆されます。喫煙者の肺がん死亡率は非喫煙者の 10 倍近くですが、これも因果関係を強く示唆する所見です。ただし何倍以上といった絶対的な基準はなく、必須の条件ではありません。

3) 関連の一致性（Consistency）

異なる研究者により、異なる地域・条件・時代でその関連性が繰り返し観察されることです。ある集団で認められたリスク因子と疾患の関連が、独立した他の集団でも同様に認められると、因果関係があることを示唆します。日本人で喫煙が肺がんリスクを高めるという知見に加えて、フランス人でも喫煙が肺がんリスクを高めるという知見が得られれば因果関係があることを示唆するということですが、リスク因子によっては人種差があることもあるでしょうし、必須の条件ではありません。

4) 関連の特異性（Specificity）

特定の要因のみからその結果（例えばある疾患）が発症したり、特定の結果のみが要因から発症するような、**要因と結果の間に特異的な対応が存在する**ことです。例えば**胸膜中皮腫というがんは大変まれな悪性腫瘍**ですが、その発症にはかつて建築材料としてよく使われた**アスベスト（石綿）がその発症に強く関与していて、他の物質への曝露で発症することはほぼありません**。アスベストは他の肺がんも起こしますが、他の肺がんは他の物質への曝露でもリスクが高まりますので、特に**中皮腫との関連は特異性が高い**といえます。必須条件ではありません。

5) 関連の整合性（Coherence）

既知の科学的知識体系と矛盾しないことです。例えば疫学調査によ

るデータ解析から得られた知見が、**全くアプローチの異なる分子生物学の実験研究結果からも支持されるような場合は因果関係を強く示唆**します。ただ試験管内の反応と人間の実社会での出来事は一致しないことも意外にあり（理論上効くはずの新薬が実際に人に使ってみても効果が十分でないことはよくあります）、必須条件ではありません。

以上の 5 つは米国公衆衛生局長諮問委員会の 5 基準としても知られていて、因果関係を判断する上で上記のようなポイントは必ず押さえておきたいものです。さらにヒルが 4 つの基準を追加しました。

6）　関連の生物学的勾配（Biological Gradient）

　　要因の程度が強くなるほど疾病の頻度が高くなることで、本書で例示したつながり満足度の相関データに見られたような、**階段状の量反応関係（dose-response relationship）が見られる**ことです。同じ喫煙者でも、一日あたりの喫煙本数が多ければ多いほど肺がん死亡率が高くなることも典型的な例ですね。

7）　関連の生物学的妥当性（Biological Plausibility）

　　観察された関連性を支持するような生物学的知見が存在することで、既存の生物学的な知見と矛盾なく説明できることです。生物学的な知見と矛盾するような統計データが出たときには、世紀の大発見という可能性もなくはないですが、何らかの解析上のミスがあったり、データが適切に取られていないことが多いです。

8）　関連の実験的証拠（Experiment）

　　関連を支持する実験的研究が存在することです。例えば**喫煙者に対して禁煙を促進する予防的介入を行うことで肺がん死亡率の低下が観察された場合など、因果関係を強く示唆**します。禁煙という予防的な介入（intervention）をしたグループ（介入群 intervention group）を、

介入しなかったグループ（対照群 control と呼びます）と比較することで因果関係を非常に強く示唆することができます。観察する全員に**介入して前後比較するだけだと、介入の効果ではなく他の要因で**（例えば風邪であれば自然に治癒します）**状態が改善することがあり、介入を過大評価（overestimate）してしまうので、対照群をしっかり置くことが重要**です。これをさらに精緻にしたものがランダム化比較試験（RCT）でしたね。対照群を設定する際に「ランダム割り付け」を行うことで、介入するかしないかという要因以外は（未知の交絡因子を含め）すべて均等に割り付けられるため、得られた群間の差がすべて介入によるものと判断できるためでした。こうした介入研究がなければ因果推論ができないわけではありませんが、RCT があれば因果の有無に関する議論が決着するのも事実です。

9) 関連の類似性（Analogy）

類似した既知の関連性が存在することです。生物学的な機序（mechanism）が類似した知見があれば、それとの比較によって因果関係の程度を類推することができます。こうした知見がないこともありますので、必須条件とは言えません。

以上のようにヒル（Hill）の基準をすべて紹介しましたが、因果関係を判断するのにこれらの条件をすべて満たす必要があるわけではありません。ただこうした**基準を多く満たせば満たすほど、因果関係の確実性が高くなる**と言えます。2 つの要因にいくら統計学的に有意な相関が認められたからと言って、**原因と結果の関係にあることを類推するにはこれくらい慎重に判断しなければならない**ということがわかってもらえればと思います。

相関関係から因果関係を推論する際に、**交絡因子が存在すると見かけ上の因果関係が見られてしまうため、交絡因子への配慮が重要である**ことはすでに述べましたが、**同じくらい重要な「因果の逆転」（reverse causality) という概念があるので補足しましょう。これはヒルの 9 基準の紹介で一番最初に挙げた「関連の時間性」(原因と考えられる要因が結果よりも時間的に先行) が唯一の必須項目であったことに関連します。

　例えばある栄養素の摂取量と抑うつ度 (気分の落ち込みの度合い) の関連を調べたところ、統計学的に有意な強い負の相関が見られたとします。負の相関ですから摂取量が少ないと抑うつ度が高いという傾向が見られたとき、「この栄養素を十分取らないから、気分が落ち込んでしまうのだろう」と考えてしまいがちです。本当にそういう可能性もありますが、**注意が必要なのが「因果の逆転」で、気分が落ち込んでいると食欲もなくなり、自然と口にするものが少なくなるため、どの栄養素の摂取量も少なくなってきます。ですから、この栄養素不足が抑うつを引き起こしているという因果関係があるのではなく、気分が沈んで食が細くなった結果としてこの栄養素の摂取量が少なくなっている**(これも立派な負の相関で、統計データ自体は間違っていません!) という可能性は高いです。しつこいようですが相関関係に時間の概念はないため、こうしたデータを見た際は間違った結論に至らぬよう、**因果関係を考えるときにどちらが先かという、この「因果の逆転」の問題には常に注意を払っていただきたい**と思います。

他の因果推論方法

　因果関係を推論する方法について、古典的な「ヒルの基準」は重要な視点なので紹介しましたが、それ以外にも有効な考え方がありますので代表的なものを紹介したいと思います。それは「**ルービン因果モデル**」(Rubin causal model) というもので、**反実仮想** (counterfactual) という考え方を用います。統計学的な因果推論の分野で「大御所」と言われるハーバード大学のルービン (Donald B. Rubin) とインベンス (Guido

W. Imbens）が有名な教科書（2015）を書いているので、そこで紹介されている例で説明します。

　「アスピリンを飲んだら頭痛が治った」という現象が観察された場合、「アスピリンを飲む」という事実が先にあり、その後で「頭痛が治った」という事実が起きています。ヒルの基準でいう「関連の時間性」（Temporality）は満たされていますね。ただ、**アスピリンを飲んだという事実がもしなかったとしても、頭痛が治るという事実は起こったかもしれません（自然治癒といいます）**。この場合、反実仮想は「アスピリンを飲まなかった」ということ、潜在的結果は「アスピリンを飲まなかった場合に頭痛がどうなったか」ということになります。ここで「潜在的結果」という聞きなれない言葉が出てきましたので補足します。20 世紀初頭に数理統計学者のネイマン（Jerzy Neyman）が潜在的結果変数（potential outcomes）という考え方を概念化しました。ただそれは完全にランダム化された実験の文脈で議論されていたものだったので、それをルービンが観察研究と実験研究の両方で因果関係を考えられる一般的な枠組みに拡張したのです。言葉の説明が長くなりましたが、ルービンの基本的な考え方は、**ある介入 intervention（要因への曝露 exposure ともいいます、ここでは頭痛薬を飲むこと）を受けた場合と受けなかった場合の両方（実際に起きた「現実の結果」と「潜在的結果」）がわかれば、その差分を取ることで個人レベルでの「介入効果」treatment effect**（経済学分野では処置効果と訳されます、treatment は治療とか処置といった意味です）**を推定できるはずだ、というものです。そして複数のこうした個人レベルの介入効果の平均を取ることで、対象集団すべての人が介入を受けた場合と対象集団すべての人が介入を受けなかった場合の差を評価することができ、これこそが集団レベルの介入効果（平均介入効果 ATE, average treatment effect）であるという考え方です**（ちなみにこの「ルービン因果モデル」（Rubin causal model）で平均介入効果を推定するためには前提条件として「処置による対照群への二次的影響の不存在性」（SUTVA, Stable Unit Treatment Value Assumption）と呼

ばれる条件が必要になります。介入影響は介入を受ける群の個々の主体で閉じていること（no interference）、対照（control）となる非介入群は介入群から介入の影響を受けないことが必要です）。

健全な批判精神を持ってデータを見る

　実際には過去に遡って同じ状況（上記の例でいえば、最初に頭痛がしてアスピリンを飲もうとしている状況）を作り出し、現実と違う意思決定を行いなおして「アスピリンを飲まなかった場合に頭痛がどうなったか」という潜在的結果を知ることは難しく、一人ひとりの個人レベルの介入効果を評価することはできません。実際には介入を受けた群（アスピリンを飲んだ人々）と介入を受けなかった群（アスピリンを飲まなかった人々）で、**実際に観測できるのは現実の結果だけですので、「潜在的結果」は欠損値となり、半分は空白からなる歯抜け状態のデータ**を集めていき、集団レベルで介入効果を評価していくことになります。つまり**ルービンの考え方によると因果推論は欠損データの問題である**ということになり、**ランダム化比較試験（RCT）のように介入群（アスピリンを飲んだ人々）と非介入群（アスピリンを飲まなかった人々）が頭痛の予後に影響を与えるすべての因子が同じ分布をすることが期待できる状況であれば、欠損があっても両群の結果の差を取るだけで真の介入効果（アスピリンの効果）を推定可能**であるとわかります。ランダム割り付けをしない観察研究の場合は当然ながら、頭痛の予後に影響する因子が介入群（アスピリンを飲んだ人々）と非介入群（アスピリンを飲まなかった人々）で片寄る場合が多いので、この因子（これこそ前述した交絡因子 confounding factor です）で層別解析（stratified analysis）を行ったり、多変量解析（multivariate analysis）の手法で調整（adjustment）を行う必要が出てきます。逆に言えば、**すべての交絡因子を事前に知ることができるのであればランダム化比較試験でなくとも正しく因果関係**

を推論することができるということになりますが、実際に「すべての交絡因子」を知るということは神ならぬ人間には難しく、特に既存の知見が少ない研究領域では容易ではないため、**ランダム化比較試験がいかに強力な研究デザインであるかが再認識される**と思います。

　ただ RCT が最も内的妥当性が高く最強の研究手法だからといって、他の研究手法は意味がないということではまったくなく、**上記のような注意点を踏まえ、主要な交絡要因が事前にわかっており、そのデータが入手可能という条件が揃えば、実際に介入（intervention）を行わない観察研究（observational study）であってもそれに近い研究ができる**（準実験とか疑似実験 quasi-experiment と呼ばれます）というのは大変素晴らしいことです。本書の初めに紹介した 2021 年のノーベル経済学賞を受賞した、最低賃金の影響に関する「**差分の差分法**」（difference-in-differences design、**DID** とも略されます）**という因果推論手法はまさにこれにあたり**、米国の隣り合う 2 つの地域を対象とした自然実験（natural experiment）で見事に新知見を示しています。差分の差分法以外にも、疑似実験と呼ばれる手法には「操作変数法」（instrumental variables estimation）、「プロペンシティスコア法（傾向スコアマッチング法）」（propensity score matching method）、「回帰不連続デザイン」（regression discontinuity design）など優れた方法が複数あり、**適切に使用すると RCT がそもそも難しい場合や予算や時間の関係で RCT が実施できない場合に RCT に近い因果推論ができる（！）**という大変素晴らしい手法ですので、是非覚えておいてください（ちなみにプロペンシティスコア法はこのルービン先生とローゼンバウム先生 Paul R. Rosenbaum が開発したもので、そのままでは比較できない観察データから比較可能な 2 群を作り出して比較します）。

　本書では各手法の詳細を省きますが、興味のある方は共立出版から『統計的因果推論の理論と実装　潜在的結果変数と欠測データ』（高橋将宜著）という本が出ていて、無料の統計解析ソフト R（プロの研究者はSTATA や SPSS といった有償の統計解析ソフトを使うことが多いです

が、この R は無料のオープンソース・ソフトとはいえ本格的な解析作業にも耐えうる優れもので、宮木も併用しています）を使った解析例がコード付きで説明されていますので参考になさってください。上述のプロペンシティスコア法をルービン先生と一緒に開発したローゼンバウム先生による有名な教科書 *Observation and Experiment: An Introduction to Causal Inference*（Harvard University Press 2017）は共立出版から邦訳も出ていますので（『ローゼンバウム　統計的因果推論入門　観察研究とランダム化実験』）、こちらもさらに学びたい方にはお勧めします。

　すこし説明が専門的になりすぎたかもしれませんが、**研究者がデータから何らかの因果関係を読み取るときにはこのような知識をもとに慎重にその推論が正しいかを考えている**ことを知っていただければと思います。繰り返しになりますが、統計的に有意な結果が出たからと言って因果関係を証明したことにはならないので、**マスコミの情報やインターネット上の情報で何かもっともらしそうなデータを見たときに「本当に因果関係があると言えるの？」という健全な批判精神を持っていただき、少しでもデータ解釈時の落とし穴にはまらないようになっていただ**ければ著者冥利に尽きます。注意点すべてに言及するには紙面が足りませんが、そうした観点から重要なポイント（バイアス bias という言葉が少しだけ出てきましたが、もっと重要なバイアスがまだ複数あります）についても追加説明したいと思うので、もう少しお付き合いいただければと思います。

4 「バイアス」という落とし穴

バイアスは分類できる

　前節では科学的データを解釈するときに落とし穴（pitfall）となりやすい相関関係と因果推論に関してリテラシーを高めてもらいましたが、本節ではもう少しバイアス（bias）というものについて注意を向けてもらいたいと思います。前に論文が科学雑誌に投稿されてそれが出版されるかどうかの判定に有意差の有無が影響する「出版バイアス」（publication bias）について説明しました。本当は差がない（真に差がない）のに「有意差あり」と誤判定した論文が単純な発生確率以上に世の中に出回ってしまう恐れがあるという「偏り」を指す概念でした。

　ただこのバイアス以外にも、科学論文を読み解く上でもっと重要なバイアスがありますのでここではそれらを紹介すべく、まずはバイアスとは何かを考えてみたいと思います。

　バイアスという言葉は学術的な文脈だけで使われているのではなく、一般社会の中でも偏りや偏見（認識の歪み）を指す言葉として使われているかと思います。こうした意味は全くその通りであるだけでなく、後述するように人の認知の本質を示唆している点で有用な理解だと思います。ただ統計学や疫学の分野でバイアス（bias）とは何かと聞かれれば、

それは「系統誤差」（systematic error）のことを指す専門用語となります。聞きなれない言葉ですが、系統誤差とは誤差（error）の一種です。**誤差（error）とは、真の値と実際の研究結果の差のことを指します。**研究結果には本当に知りたい真の値と誤差がありますので、この誤差を減らすことで結果は真実により近くなります。この**誤差には2種類あり、一つはランダムに起こる誤差（偶然誤差 random error）で「ばらつき」**とも表現されます。もう一つが「一定の方向性を持った」誤差（系統誤差 systematic error）で、これこそが広義のバイアス（bias）と呼ばれるものなのです。つまり、**誤差の中でランダムに起こるもの（ランダムにばらつくため一定の方向性はなく、統計的に対処可能なもの）以外はすべてバイアス**（一定の方向性を持った誤差であり、一般社会での「偏り」という意味がそのまま当てはまります）ということになります。ここで広義のバイアスという言い方をしましたが、この**系統誤差は交絡バイアス（confounding bias）と狭義のバイアスから成り立ちますので、狭義のバイアスとは「系統誤差から交絡バイアスを除いたもの」と定義**されます。交絡バイアスというのは前節で説明した交絡因子（confounding factor）により生じる偏りで、飲酒と喫煙の習慣が関連しているために飲酒と肺がんの見かけ上の関連が強まることを思い出してもらえればと思います。この例では見かけ上の関連を強めますが弱める方向には働かない（いずれも正の相関）ので、たしかに方向性を持っていますね。

　先ほど、**偶然誤差はランダムにばらつくため一定の方向性はなく、統**計的に対処可能と書きましたが、具体的には**調査対象の数（sample size）を大きくすると上振れたり下振れたりするものが打ち消し合って真の値に近づいてくれます。**それに対して、**バイアスは方向性のある偏りなのでいくら調査対象数を増やしても打ち消されることはなく、大変やっかいなのです。**広義のバイアスのうち交絡バイアスに関しては、研究の計画段階で対処できることに加え、層別解析や多変量解析といった統計解析手法によりデータの解析段階で対処が可能ですが、**交絡バイア**

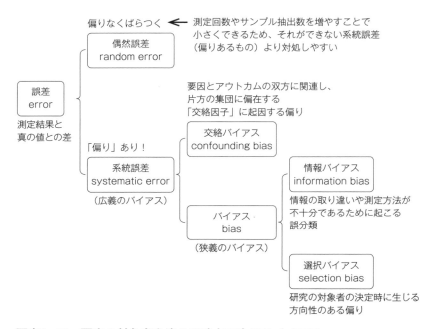

図表2-12　研究の対象者を決める時点で生じるバイアス

ス以外の狭義のバイアスはデータの解析段階では制御することができ
ず、研究の計画段階で必ず対処する必要があり、一番やっかいなものと
言えます。

　では事前に対策を立てることが必須の「狭義のバイアス」には具体的
にどのようなものがあるでしょうか。図表2-12で表現したように、狭
義のバイアスは大きく情報バイアス（information bias）と選択バイアス
（selection bias）に分けられます。端的に言うと、前者は情報の取り違
いや測定方法が不十分であるために起こる誤分類、後者は研究の対象者
を決めるときに生じる方向性のある偏りですが、それぞれ詳しく見てい
きましょう。

　情報バイアスは観察や測定の際に生じる偏りであることから、測定バ
イアス（measurement bias）とも呼ばれます。例えば喫煙の調査をして
いるときに、本当は喫煙者なのに非喫煙者として分類してしまう、基礎

疾患があるのに基礎疾患がないグループに分類してしまう、といった**誤分類**（misclassification）です。ウイルス性疾患の有無を見るときであれば、**検査キットの偽陽性（false positive）や偽陰性（false negative）**もこれにあたります（本当は感染していないのに陽性と判定してしまったり、本当は感染しているのに陰性と判定してしまうことで、どんなに優れた検査キットでもこれらが全く起こらない検査はありません。医療用として承認されているものはどのくらいこうした誤分類が起きるかという感度・特異度の情報がしっかりあり、こうした誤分類が一定割合を下回るよう品質管理されています）。喫煙習慣の有無や感染の有無といった変数は**離散量**（discrete variable）と呼ばれ非連続な値を取るものですが、そうではない年齢や血糖値といった**連続量**（continuous variable）であっても、この情報バイアスは起こりえます。例えば血糖値測定器の不具合でいつも高めの値を出してしまう場合（いつも低めでもよいですが、高かったり低かったりとばらつくのではなく、方向性のある偏りであることが重要です）などがこれにあたります。また**人の認知の本質に関わる「思い出しバイアス」**（recall bias）**もこれに該当**するので説明しましょう。喫煙状況と肺がんの発症の関係を調べようとしている状況を想定してください。まず倫理的な問題を度外視して直接的に因果関係の有無を示したいのであれば、性別や年齢をはじめ肺がん発症に関わる様々な生活習慣や基礎疾患が均等になるグループを 2 つ用意して（復習になりますが、ここで均等にしているのは交絡因子と呼ばれるもので、未知のものも含めて均等にできるのがランダム化比較試験RCTでした）、片方は一切喫煙をさせずに経過を見ていき、もう片方のグループは喫煙をし続けてもらって肺がんを起こす人を両群でカウントしていき、発症率に有意差があるかを検討するのが一番直接的ですね。実際は吸っていない人にも無理やり継続的に喫煙させるような人体実験はできないので、RCT を組むとすればすでに喫煙している人に禁煙介入を行う研究デザイン（これであっても無作為割り付けで非介入群に選ばれた人に喫煙を止めないのはいかがなものかと議論はあるでしょう）か、既知の交絡

因子を調べた上で喫煙情報を取得して喫煙しない人と喫煙する人を追跡していく研究デザイン（コホート研究 cohort study と呼ばれます）が現実的です。RCT もコホート研究も継続的に「時間的な経過を追う」必要があり、研究実施が大変なので、もう少し**実施しやすい研究としては、肺がんになった人と肺がんになっていない人を集めて**（これを**症例対照研究 case-control study といいます**）「**過去」の喫煙状況を聴取し、交絡因子を調整した上で喫煙量に統計学的な有意差がでれば喫煙と肺がんの関連を示すことができます。**この研究デザインであれば時間的に追跡する必要がなく、実質的にコホート研究をしたような成果が得られて素晴らしいと思われるかもしれませんが、実際はそうとは言えません。その理由が上記の「思い出しバイアス」（recall bias、想起バイアスと呼ぶこともあり）と呼ばれるもので、「過去」の喫煙状況を聴取したときに全員が正しく喫煙状況を覚えているか、伝えられるかという問題があります。これがランダムに多めに覚えていたり少なめに覚えているのであれば調査する数を増やすと打ち消されていってあまり問題にならないのですが、**肺がんになった人は自分の過去の喫煙状況について「過剰に思い出してしまう」**ことが知られており、**肺がんになっていない人に比べて実際よりも多めの喫煙量を申告してしまう偏りが生じます。**ばらつくのが問題ではなく、「多め」という方向性のある偏りであるので系統誤差（バイアス）に分類されるわけです。さらに言うと**調査時に対象者が症例群（case group、この例では肺がんになった人）か対照群（control group、肺がんになっていない基準となる人）かを研究者（調査者）が事前に知っている場合にもバイアスが起こります。**これも人の認知の本質に関わりますが、研究目的として喫煙と肺がんの関係を調べたいという気持ちがあると、**肺がんの人にはリスク因子への曝露（exposure、ここでは喫煙状況）をより詳しく聞いてしまい、肺がんでない人には曝露が少なかったことを無意識に聞き出そうとしてしまう**ことが知られていて、「**質問者バイアス」（interviewer bias、インタビュアーバイアスと呼ぶこともあり）**と呼ばれます。これも関係性を過大評価する方向に働くため、方

向性のある偏りであり研究結果をミスリードしてしまう要因となりえます。これを防ぐには**盲検化（blind）といって質問者がインタビューするときに、症例群か対照群かをわからなくする（ブラインドする、マスクする）ことで回避可能**ですが、こうしたバイアスの存在を知らないと悪意はなくとも偽陽性の結果が出やすくなってしまうので、こうしたバイアスの知識は本当に大切です。

　ちなみに盲検化はランダム化比較試験でも行われます。新薬や新治療法の効果を証明したい！　と意気込んでいる医師はどうしても**無意識に、実薬群（intervention group、新薬を実際に飲んでいる人）を対照群（control group、偽薬という意味でプラセボ群ともいいますが、新薬を飲んでいない人）よりも熱心に治療してしまう傾向**がみられることがあるからです。一般的に**新薬の臨床治験では、主治医が目の前の患者さんがどちらの群かはわからないようになっていて盲検化されています**ので、ご安心ください。盲検化にはもう一つ患者さんについても行われ、**最新の薬を私は飲んでいるんだという期待感からよくなってしまうこと**（プラセボ効果 placebo effect として聞いたことがあると思いますがその一種です）が知られているので、**自分が RCT の無作為割り付けの結果として実薬を飲んでいるかプラセボを飲んでいるかは知らされません**。こうした事例も、バイアスが人の認知の本質に関わるものだという好例と思います。誰にでも起こりうる偏りなので、こうした落とし穴には十分注意してください。

選択バイアスをどう回避するか

　さて**狭義のバイアスのうち、もう一つ有名なのが「選択バイアス」**（selection bias）です。研究の対象者を決めるときに生じる方向性のある偏りであると簡単に触れましたが、この調査対象を選ぶ際の偏りはいくつかあり、大きく 2 つに分けられます。1 つ目は**得られた研究結果を**

どの集団に当てはめてよいかという**外的妥当性**（external validity）に関わるもので、母集団（調べようとしている集団全体）から観察対象（標本 sample ともいいます）を選ぶ際、**母集団を代表するような観察対象を上手に得られないことで、「標本抽出バイアス」**（sampling bias）ともいいます。調査の目的に沿った集団を上手に抽出できないのであれば、悉皆調査（exhaustive survey）といって全員を調べるしかなくなってしまいます。調べたい集団全員を調べることは現実的に難しいことが多いので、数を絞って調査をするわけですが、母集団の中で偏った人だけを集めてしまうと（例えばある町で調査をするとき、健康施設や運動するジムの近くで調査協力者を募ると、健康意識が高い人ばかりになってしまいます）、その町に住む人全体を代表する標本とは言えなくなってしまいます。こうした**偏ったサンプルをいくら精緻に統計解析しても、得られた結果はこの町全体の結果ではなく、この町に住む比較的健康意識の高い人々の結果しか得られず、後からは解析上の工夫などでリカバリーできないので、こうしたバイアスの知識を持っておき、母集団の性質を代表するよう、対象者を集めることが重要となります**（これを外的妥当性 external validity の問題といって、研究結果が得られたときにそれをどのような集団に当てはめて活用できるかという大事な問題なので、常に意識してみてください）。**これは研究の質の話とは全く別の話で、どんなに良い研究**（内的妥当性 internal validity が高いといいます）**であってもそうでなくても独立して起こる問題なので**、ニュース等で知らされた科学的知見がどのような集団に当てはまるか（あなたが関心のある集団にそのまま適用できるか）を考えることは重要です。調査方法の変化で**インターネット調査は近年広く行われますが、当然調査に協力してくださる方はインターネットが利用できる方に偏っているため**（最近は高齢の方でもスマホを使う方も増えてきていますので幸い偏りは小さくなってきていますが）、**様々な事情で利用ができない方がいることへの配慮は必要ですし、調査したい内容に関連してそうした方が偏って存在しそうな場合には特に、この標本抽出バイアスに気を付けてください。**

　それから働く方を対象とした調査に関心がある方に知っておいてほしい専門用語に「健康労働者効果」（healthy workers effect）があります。健康状態が悪ければそもそも会社に就職することが難しかったり、就職した後に健康状態が悪くなれば休職したり退職してしまうこともあるので、**会社で働いている人を調べると基本的に健康状態が良い方を中心に調べることになります**。このバイアスは外的妥当性に関わると言った通り、**労働者を対象とした調査結果はあくまで労働者集団の中での知見であって、働いていない方や病弱な方を含めた国民全体に当てはまるとは必ずしもいえないので注意**してください。同様に大企業の社員を対象とした調査結果が、そのまま中小企業を含む全労働者に当てはまるわけではないことにも注意が必要となります。繰り返しになりますが、外的妥当性に関わるバイアスを知っておき、**ある科学的知見をあなたの目の前の状況に当てはめる際には、こうした「外的妥当性」に問題がないかを考えることは極めて重要**です。

　先ほど「選択バイアス」が大きく2つに分けられると言った2つ目ですが、それは**内的妥当性**（internal validity、**その研究自体がどのくらい信頼できるか**）に関わるもので、こちらも複数知られています。観察する対象集団を適切に選定できたとして、実際に調査を実施すると参加を拒否する方が当然出てきます。もし**参加を拒否する方と協力してくださる方の間に系統的な差（偏り）があれば、得られた研究結果を歪めてしまい研究の質が下がる**（内的妥当性が低下する）ことになります。これを「**非回答者バイアス**」（non-respondent bias）と呼びます。例えば質問紙が長すぎる場合、ちゃんと回答してくれるのはまじめな方や時間に余裕のある方に偏ってしまうので、なるべく負担にならないように質問紙をコンパクトにまとめることは対策になりえます。最初の依頼に答えてくれなかった場合に再度のお願いをして回収率を上げるのも一法です。謝金を増やすという方法はお金目当ての人が増えてしまう恐れがあるので手放しで勧められませんが、**よりよい方法として協力者には研究結果を個別にフィードバックするという金銭ではない形のお礼を考える**

のも過去の経験から有効で、なるべくこうしたバイアスを減らす努力は
研究の質（内的妥当性）を高めます。他には「追跡脱落バイアス」（loss
to follow up bias）が有名なので説明しましょう。単にある一時点の状態
を調査する時間断面研究（cross-sectional study）と違い、ランダム化比
較試験（RCT）やコホート研究（cohort study）では時間的な「追跡」
（follow up）が伴います。そうすると途中で引っ越しをしたり、亡く
なったり、連絡が取れなくなる方が必ず出てきます。これを脱落
（dropout）と呼びますが、その理由が調査や介入方法に関連する場合は
結果を歪めてしまうわけです。例えば、ある新薬について効果はあるけ
れどもものすごく苦く、飲み続けるのに我慢強さを要するとすると、新
薬を投与される介入群で脱落せずに残るのは我慢強い方ばかりになって
しまい、最後まで飲み続けたときの病気の改善度を対照群（偽薬を飲ん
でいる群はその苦みがないため、苦みに起因する脱落はなし）と比較す
るので、薬の効果を過大評価（over estimate）してしまうことになりま
す。ちなみに実際の新薬の治験（例えば抗がん剤では苦みなどというレ
ベルではない強烈な副作用が出るものもあり、「脱落」することや脱落の
一種とも言える途中から従来治療に戻ることはよくあります）ではITT
解析（intention to treat analysis）といって、こうした新薬の副作用に起
因する脱落を包括した（途中でその薬を飲まなくなった方のデータを除
外したり非投与群として扱うのではなく投与群に含めて）解析を行うこ
とになっていて、こうした過大評価が発生しない仕組みになっていま
す。

「偏り」を知ることで研究を有効化する

　以上のように医学的に重要なバイアスを概観してきましたが、人の認
知の本質にも関わるこうした「偏り」を知っておかないと、せっかくの
研究が台無しになったり、結果を解釈する多くの人をミスリードするこ

とになってしまいます。合理的な経済人（ホモ・エコノミクス）のような**古典的経済学のモデルとは異なり、人間が合理的な決定をいつもしているわけではない**ことが経済学でも注目されていて、本書の後半で紹介される行動経済学などが発展著しいわけですが、**そうした人間の本質は学問領域を超えて重要**ですし、こうした**人間の本質を様々な研究（自分自身で行う研究である必要はなく、世界中の様々な研究という意味です）を通して、理解を深めていくこと自体が興味深いこと**ではないかと思っています。研究者でない皆さんも是非、本書で触れたような研究デザインやデータ解釈のリテラシーを身につけ、このような観点で様々な研究成果を正しく解釈し、人間理解を深めていただく一助としてもらえれば、大変うれしく思います。

第 3 章

EBPMは
いかに発展してきたか

多数派の専横を防ぐ

意思決定理論 と EBPM

1
エビデンスに基づく医療

　今まで私たち一人ひとりの、**個人レベルで科学的なデータを正しく解釈して意思決定することの重要性**について述べてきましたが、人は「社会的動物」（アリストテレス）であって社会を構築してその中で生活していますので、**社会全体としても科学的データを有効に活用することは重要**です。社会の合意形成に本書の後半に出てくる経済学のコレクティブデシジョン（collective decision）が有効であるのと同じくらい、**医学分野のEBMから発展してきたEBPMというキーワードが社会の合意形成と公的支出の効率化に役立ちうる**ので紹介します。

　日本でのEBPMについては2017年に統計改革推進会議が取りまとめを行い、EBPM推進の要として各府省にEBPM統括責任者を置き、EBPM推進委員会を設置するなど国全体として取り組みが始まっていることを前章で紹介しましたが、**世界的に最も早い時期からEBPMを推進してきた英国の歴史的背景を見てみると、医学・医療分野のEBMの進展がそのバックグラウンドにあった**ことがよくわかります。私自身が医師・医学研究者として活用させてもらってきたコクラン共同計画のエビデンス集（Cochrane Library）や国立医療技術評価機構NICE（National Institute for Health and Care Excellence）の診療ガイドラインがまさにその事例なのですが、世界的に最も先進的と言える英国での医学・医療分野のEBMが進展していく過程で、**エビデンスに基づく（Evidence** based な）思想が他分野に波及していった過程は歴史的に興味深く示唆に富むので、少し詳しく紹介したいと思います。

　19世紀に起こった実証主義の流れをくみ、論理や事実に基づくエビデンス（科学的根拠）を重視する「EBM」（Evidence Based Medicine）という概念が1990年代はじめから世界的に広まったことを前章で触れました。医学文献としての初出は前述の通りガイアット医師が書いた論文でした。同じカナダのマクマスター大学で臨床疫学・生物統計学の教授を務め、のちに英国オックスフォード大学 Centre for EBM の教授となったサケット先生（Dr. David Sackett）がその提唱者の代表格で、2015年に享年80歳でお亡くなりになりましたが、私もいくつかの教科書（*Clinical Epidemiology* や *Evidence-Based Medicine*）を通して学ばせてもらいましたし、多くの医師や医学研究者が多大な影響を受けています。

　「EBM の父」とも呼ばれるサケット先生は EBM とその実践について、臨床医学の4大ジャーナルの一つ BMJ（British Medical Journal）で次のように定義しています。

"Evidence based medicine is the conscientious, explicit, and judicious use of current best evidence in making decisions about the care of individual patients. The practice of evidence based medicine means integrating individual clinical expertise with the best available external clinical evidence from systematic research."

Sackett, D. L., Rosenberg, W. M., Gray, J. A., Haynes, R. B., & Richardson, W. S.（1996）. Evidence based medicine: what it is and what it isn't. BMJ, 312（7023）, 71–72.

　すなわち、「エビデンスに基づく医療とは、個々の患者のケアに関する意思決定において、現在の最良のエビデンスを意識的に、明示的に、そ

して慎重に使用することである。エビデンスに基づく医療の実践は、個人の臨床的専門知識と外部のシステマティックな研究から得られる最良の臨床的エビデンスを統合することである」とされています。

　この定義からも明らかなように、エビデンスに基づく医療はエビデンスだけを重視しているのではなく、個人の経験や知識も大事にしながら、最良の科学的知見と統合して実践活動をしていくことです。エビデンスだけが重要と言っているわけではないことは EBPM（根拠に基づく政策形成）についても共通することで、なんでも科学的根拠がないと駄目だという「誤解」を抱かれやすい部分でもあるため、強調しておきたいと思います。

　この EBM という魅力的な考え方を、臨床や政策決定の「現場」で役立つようにエビデンスを統合・整理する国際的なプロジェクトが 1992 年に英国で始まりました。これが第 1 章でも少し登場したコクラン共同計画（Cochran Collaboration）で、英国 NHS（National Health Service、国民保健サービス）の一環として始まりましたが、**世界中の研究者がボ**

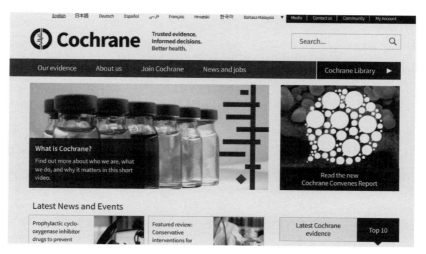

図表3-1　コクラン共同計画（ホームページ）
出所：https://www.cochranelibrary.com/

ランティアで協力するなど国際的な広がりを見せ、EBM の情報インフラストラクチャーとも呼ばれる世界最大の EBM プロジェクトとなっています。

　ちなみにコクランという名称は、疫学の発展に大きく貢献した**英国の医学研究者アーチー・コクラン先生**（Archie Cochrane、故人）に由来しています。彼は**すでにあるランダム化比較試験から質の良いものを集め、それらをまとめて遅滞なく必要な人に届けることの重要性**を説いており、コクラン共同計画が実践していることそのものとなっています。

　具体的には**ランダム化比較試験**（randomized controlled trial）**を中心に、世界中の臨床試験をシステマティックにレビュー**し（sytematic review）、**それぞれの知見について質の評価を行った上で統計学的に統合する**（meta analysis）**を行い、その結果を医療関係者や政策決定者、さらには医療を受ける患者さんやその家族**（専門用語を用いない「平易な要約」がすべてのコクランレビューに設けられています！）**にわかりやすく伝え、合理的な意思決定ができるようにすることを目指しています**。まさに「**共同意思決定**」（shared decision making、SDM, シェアードデシジョンメイキング）ですね！（コクランのホームページにも shared decision making と銘打った説明ページがちゃんと用意されています。https://www.nice.org.uk/about/what-we-do/our-programmes/nice-guidance/nice-guidelines/shared-decision-making ）

　コクランの標語である「Trusted evidence. Informed decisions. Better health.」（信頼できるエビデンス、情報を共有したうえでの意思決定、よりよい健康）にも示されるように、医療を提供する**医師が医療を受ける患者さんに科学的根拠に基づく十分な説明を行った上で一緒に意思決定を行い、よりよい健康を目指す**という理想的な科学的医療の実践を手助けするものです。これは後述の EBPM による政策形成やその実践を考える上でも、優れたお手本になっています。

　コクラン共同計画のホームページ左上に見える丸いマークが、第 1 章で紹介した事例（「よかれ」と思って米国各州で行われてきた若年犯罪

者への刑務所見学プログラムが、再犯予防という目的に対してむしろ有害だったことが判明）で出てきた図（forest plot、図表 1-4）に似ていることに気づいた方もいるかと思います。これはただのイラストではなく、早産の恐れのある妊婦を対象に副腎皮質ホルモンを投与した 7 つの RCT の結果（横棒 7 本）とメタ解析で統合された結果（一番下の菱形 1 個）を視覚的に示したフォレストプロットそのものです。菱形が中央の縦線より左側に来たということは統計学的に有意に利益が認められたということで、この例では未熟児合併症で死亡するリスクが副腎皮質ホルモン治療によりオッズ比で 30%〜50% 少なくなっている、すなわち真に有効な治療であることを示しています。**このシステマティックレビューが公開されるまで、多くの産科医はこの治療法がこれほど有効であることを認識していなかったため、この知見が普及する前には助けうる未熟児の命を失っていたとも考えられ、単にエビデンスを生み出すだけではなく**それを統合し、**現場が使いやすい形に情報を整理して実践を伴わせることの重要性を示唆しています。**

　話が少し逸れましたが、**早い時期から EBPM を推進してきた英国では**このように **1990 年代初頭から医学・医療分野の科学的知見を正しく取りまとめて現場が有意義に活用できるように情報提供する取り組みをしていたわけですが、これが 1999 年の国立医療技術評価機構 NICE（National Institute for Health and Care Excellence）の設立につながっていきます。**前出の、筆者も活用することの多いイギリスの診療ガイドラインを作成している機関です。

　国際的にはちょうど同じ時期にキャンベル共同計画（Campbell Collaboration）という社会科学領域でのエビデンスを収集・評価する国際プロジェクト（アメリカの心理学者 Donald Campbell の名にちなみます）がロンドンでの会議で立ち上がり、**教育・刑事司法・社会福祉の三領域で政策の介入効果に関する研究のシステマティックなレビューを行って、コクランと同様にまとめを公表する活動を現在も続けています**

（http://campbellcollaboration.org/）。前章で紹介した英国の教育基金財団 EEF（Education Endowment Foundation）が、システマティックにレビューされたエビデンスを教育現場の実務家（教師等）にわかりやすく整理・公表しているのと近い取り組みと言えます。

　NICE はイギリスの医療の質を向上させるために設立され、主な業務は国民保健サービス NHS（National Health Service）が用いる医療技術をエビデンスに基づき評価し、各疾患に対して行われる手技や治療の中でどれが適切かを判断し、費用対効果まで明らかにしています。また**NICE の診療ガイドラインは公的医療機関や大学のみならず患者団体や介護者団体とも共同で作成され世界に公開されている大変価値あるものです（日本からも無償で利用可能**ですので、是非アクセスしてみてください。https://www.nice.org.uk/about/what-we-do/our-programmes/nice-guidance/nice-guidelines ）。

2

What Works Centreの
理想的とも言える取り組み

　英国において EBPM を推進する中核組織が What Works Centre であることは**第1章で紹介**しましたが、厳しい財政状況が続く中で公的なサービスを改善していくために公的資金（すなわち税金）を**なるべく無駄なく有効に使う「賢い支出」**（wise spending）が求められています。そうした社会的要請の中、**政策決定者や各分野の実務家（医師や教師、警察官など）が「何が真に有効か？」**（What works?）を常に意識して、**信頼に足る科学的エビデンスに基づいて政策や取り組みを意思決定し、真に実効性がある事業が効率的に展開されるよう設立されたのが What Works Centre で、その最初の一つが NICE だったのです**（その後 2000 年代に入ってから、教育の達成、犯罪抑止、幼児期からの早期介入、地域経済の活性化、高齢者の QOL 向上、ウェルビーイング、ホームレス問題、子どもの社会的ケア、若年者の雇用、青少年の非行、高度教育、経済的な幸福といったテーマで 13 の What Works Centre が設立され、現在 14 個になっています。うち 3 つが支部 Affiliate、1 つが準会員 Associate なので正式には 10 センターですが、公共支出の 2500 億ポンド以上を占める政策分野をカバーしています）。

　このように時代のニーズに応じて次々と What Works Centre が設立され（**図表 3-2**）、エビデンスに基づいて実効性ある事業が効率的に展開されるような仕組みが作られ続けていることは世界的にも特筆すべきこ

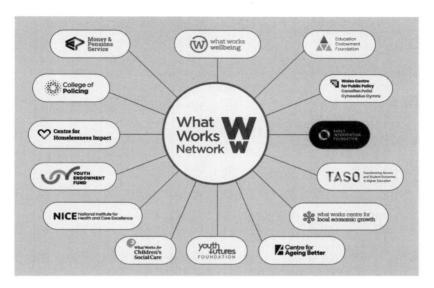

図表3-2　What Works Centreのネットワーク
英国 EBPM を推進する **What Works Centre は現在 14 個にまで発展**してきたが、**その嚆矢は医療分野**の NICE であり、ウェルビーイングをはじめ重要な政策領域ごとにエビデンスに基づく取り組みがシステマティックに行われている。
出所：https://www.gov.uk/guidance/what-works-network

とで、**国家レベルで政策形成のためにエビデンスを積極利用するアプローチを導入したのは英 What Works Centre が世界初**であり、**行動経済学の原理を政策応用するためのナッジユニット BIT**（The Behavioural Insights Team）**を世界で初めて設置**したことと合わせ、さすがは「疫学の父」ジョン・スノウを生んだ国だと思います。

第1章で紹介した**図表1-5**「What Works Centre の活動分野とそのサイクル」に示されているように、**社会的に必要な研究を公募・選定し**（原則としてランダム化比較試験）、**研究デザインを踏まえた効果測定を行ってエビデンスを作り**、実務家がわかりやすい評価レポートとしてエビデンスをエンドユーザーに届け、現場でのエビデンス利用を促進し、新たな課題やエビデンスギャップをフィードバックすることで最初に戻り、不足するエビデンスを同様のサイクルで生み出していくというエコ

システムは理想的な国家としてのデータ活用の姿であり、それが机上の空論ではなくシステマティックに様々なテーマや領域で行われて実践されているのです。

　英国でのEBPM発展の歴史を俯瞰してみると、我が国では相対的にエビデンスを作る、使うといった文化がかなり乏しく、専門的な人材が少なく、こうしたシステマティックな仕組みもできていないため、様々な重要テーマで税金を有効に（かつ国民の納得感のある形で）活用していく観点からも、英国に見習うところは大きいと感じます。

　EBMとの対比で英国ばかり強調しすぎたきらいがあるので、もう一つのEBPM先進国である米国についても補足しておきたいと思います。米国では20年以上も前に教育省の下部組織 Institute of Education Sciences が What Works Clearinghouse を立ち上げていることを第1章で紹介しましたが、社会政策にランダム化比較試験（RCT）が明示的に使われてきた歴史はアメリカでは1960年代（ケネディ政権やジョンソン政権の頃）に遡ることができ、世界的に最も早い段階でRCTのエビデンスを政策応用してきた国はアメリカとも言えます。1965年にジョンソン大統領が打ち出した「偉大な社会政策」は貧困問題や人種差別の問題、衛生や輸送機関の問題など幅広い社会的課題に対して、エビデンスを意識した合理的な政策で立ち向かっていた黄金期ともいえ、その後ベトナム戦争など様々な要因で長くは続きませんでしたが、ランダム化比較試験が多数行われて政策に生かされたことの後世への影響は大きかったと言えます。1980年代以降、レーガン政権やブッシュ政権が社会政策分野で州政府同士を競わせた際、効果測定はランダム化比較試験で行うというスタンダードを作ったことでエビデンスの蓄積が再度進みますが、こうした流れも「偉大な社会政策」がその土壌となっているように思います。第1章で米国の階層付き補助金（Tiered Grant）の例をいくつか紹介しましたが、米国ではこうした歴史的経緯や素地があったからこそ、2000年代以降にオバマ政権はランダム化比較試験を基本とした強固なエビデンスに基づく政策を推進することにつながっていったと言え

ます。オバマ政権下で下院が共和党中心となるねじれ状態になってから
も、**超党派で EBPM を推進する動き**が始まり、2016 年には Evidence-
Based Policymaking Commission Act という法令ができ、**EBPM 委員会**
Commission on Evidence-Based Policymaking（CEP）という組織が
設立されて最終報告書をまとめるに至りました。ここでは**強固なエビデ**
ンスが効率的に作成され、それが政府業務の日常的な一部となり、効果
的な公共政策を構築する未来が想定されています。連邦政府がいかに
データへの安全なアクセスのためのインフラを提供するか、プライバ
シー保護とエビデンス構築のためのデータ利用の透明性を向上させる仕
組み、エビデンス構築を支援するための制度上のキャパシティについ
て、委員会の調査結果をもとに提言を行っています。

図表3-3　『EBPMの約束』の表紙
上述の委員会 CEP の最終報告書。その名も「EBPM の約束」*The Promise of*
Evidence-Based Policymaking となっている。

出所：https://www.acf.hhs.gov/opre/project/commission-evidence-based-policymaking-cep

　こうした動きの結果、米国の多くの省庁でEBPM推進の役職が新設され、エビデンスを意識したデータの利活用が進展していく流れができました。その後トランプ政権下でエビデンス軽視の傾向が一部見られたものの、法令的にはさらに進化したFoundation for Evidence-Based Policymaking Actが2019年に承認され、連邦政府が政策決定に必要なデータ管理の実践、エビデンス構築機能、統計効率を近代化するためのプロセスが法的に確立されて今日に至っています。このような歴史的経緯からもわかるように、米国も英国に劣らずEBPM先進国であり良いお手本になりうることは補足しておきたいと思います。

　この章で見てきたように世界的に最も早い時期からEBPMを推進してきた英国の歴史的背景を見てみると、医学・医療分野のEBMの進展がそのバックグラウンドにあったことがよくわかります。信頼できる科学的データに基づくエビデンスを作り、それらを統合してわかりやすく伝え、各分野の現場で実社会の役に立てていくというWhat Works Centre

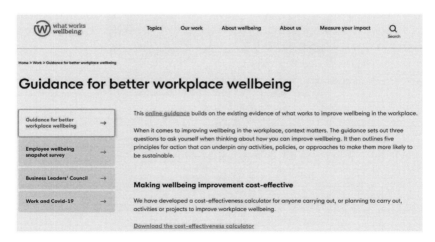

図表3-4　英国what works wellbeingサイトの例
研究者のような研究に関する専門知識を必ずしも持たない現場の実務者（この例であれば職場のウェルビーイングや安全衛生に関わる人々）にもわかりやすく、使いやすく、エビデンスがまとめられガイダンスが提示されている。
出所：https://whatworkswellbeing.org

の役割は、医学に限らず普遍的で価値のある取り組みであることを示しているると言えるでしょう。科学的なエビデンスを作るだけではなく、様々な領域の実務者に使いやすくデータが整理・提供され、実社会に応用されやすくし、その効果を定量的に評価して研究的にさらなるエビデンス創出につなげるという循環は理想的なエコシステムといえ、日本版What Works Centre とも言えるような司令塔の創設と実効性ある運用が待たれます。

■■
COLUMN

本書前半の最後に

　本書の中で紹介したランダム化比較試験（randomized controlled trial）の名著『RCT 大全』に対して、英国政府ナッジユニット長のデイヴィッド・ハルパーンが寄せた書評に

　次世代の政策担当者が本書にしたがえば、世界は文字通り変わるだろう。

　という言葉がありました。RCT は本来、かなり専門的な研究手法なのですが、何が真に有効か？（What works?）という観点から政策の効果を客観的に判断する上で、RCT ほど強力なツールは他になく、研究者ではない政策関係者にも活用してもらいたいという意図なのでしょう。そういう視点に立つと、本書でRCTをはじめとした研究デザインの詳細や医療分野ではじまった EBM（根拠に基づく医療）の歴史を紐解き、EBPM（根拠に基づく政策形成）という新しい政治の潮流を紹介できたことは良かったと思っています。

　今回は縁あって畏友の経済学者とコロナ禍の中、日仏間で様々な議論を重ねることができ、データを正しく理解して社会に生かすという観点からは学問分野を超えて普遍的な部分が存外多いのだということが大きな発見でした。「社会階層と健康」という文部科学省の研究班に属していたことのある筆者にとって（この研究班の成果は東京大学出版会から『社会と健康』として出版されています。

http://www.utp.or.jp/book/b306966.html ）、健康格差を生じる社会経済状況の格
差の拡大には胸を痛めていました。中国の春秋戦国時代に孔子（紀元前551年～
479年）らの言行を記録した「論語」の一節（季氏第十六）に「有國有家者。不
患寡而患不均。不患貧而患不安。蓋均無貧。和無寡。安無傾。」という言葉があ
ります。「国家を治める者は、不足よりも不均衡や格差を心配し、貧しさよりも
不安を心配する。そもそも不均衡がなければ貧困はなく、和して融通し合えば不
足はなく、不安がなければ皆が動揺して国が傾くことはない。」という記述（和
訳は中国語が堪能で灘中学校・高等学校の教頭をされていた恩師の大西 衡 先生
に確認済みの宮木訳。ちなみに畏友の郡山教授も研究室に「論語」を置いていま
す）が紀元前から残っているのは驚きですが、それだけ格差は人間社会に普遍的
な根深い問題と言えるのだと思います。単純に社会の再分配機能を強化して社会
がこれ以上分断されていくようなことがないように、なるべく多くの方が納得す
る形で公平な分配を実現していく上で、医学の疫学的アプローチや経済学の数学
的アプローチが集団の意思決定に果たせる役割は小さくないのではないかと期待
しています。

　本稿を読んでいただくと「RCTやエビデンスがとにかく重要だ！」といった
エビデンス至上主義の誤解は生じにくいと思いますが再度確認させてください。
EBMでもEBPMでも共通して言えることとして、最善のデータを集めて適切に
統合・理解した上でそれを実際の社会に適応するとき、エビデンスだけで単純に
結論が出るものでは決してありません。研究者や政策立案者に限らず、様々な立
場のステークホルダーがエビデンスを正しく理解し、どのように社会実装してい
くか「熟議」することが肝要で、その議論の際の基盤となる「共通言語」がデー
タを見る目や科学的リテラシーではないかと思っています。

　医学と経済学の立場から科学的なデータを適切に理解し、それに基づいて意思
決定していくという本書も医学や経済学に興味がある人だけではなく、一般の
方々から自治体関係者・政治家までを含む社会全体の人々の科学的リテラシーが
高まり、少しでもよりよい社会の意思決定・合意形成が促進されれば、筆者に
とって望外の幸せです。ここまで読み進めていただいた読者に感謝します。

第 **4** 章

集団的意思決定の
制度設計を求めて

多数派の専横を防ぐ

意思決定理論 と EBPM

1
社会あるところに集団的決定あり

集団的決定の学問

　世の中にはたくさんの人がいて、それぞれが異なった好みや情報を持っています。様々な考え方や望みに個人差があるのは当たり前で、お互いに良いと思うアイデアを取り入れ合って自分と異なる価値観や他者の決断を尊重していける社会は本当に素晴らしいものです。

　一方で、私たちは実に多くのものを社会で共有しています。財、サービス、情報、制度、組織、など枚挙にいとまがありません。そのため、人が複数集まると何かを一緒に決断することから逃れることができません。世の中での決まりごとによって私たちの生活は様々な影響を受けるので、決定をするときにどのようなルールを使えばいいのかという問題が極めて重要になります。

　例えば、世の中の資源は限られているから、私たちが日々の暮らしの中で何を生産するか、何を消費するか、といった配分を決めるためには何らかのルールが必要になります。読者の皆さんも、毎日の行動を思い出してみてください。朝起きて服を着替え、朝食をとる、職場や学校に移動する、または家庭で仕事や勉強をする。昼食は何にしようか。次の週末の予定に備えて予約もしなくては。この文を今読んでいるというこ

とは、この本を買うという小さな決断もしたことでしょう。限りある資源を分け合うためには、これら個人の決定の集まりを社会的決定へと集約していく必要があります。

　私たちが日常的に使っている社会的決定は、例えば「市場」によって行われます。多くの決断をする中で、様々な選択肢の中から何を選び何を捨てたでしょうか。個人の多様な行動がもたらす帰結は、社会的決定から切り離すことができません。

　そういう意味で、**経済学では「集団的決定・選択」と「個人的決定・選択」の理論を扱う**と言えます。国際的に使われている経済学入門のテキストを見てみると、経済学とは希少な資源を分け合う個人と集団の分配理論だ、という定義を出発点にするものが主流になっています。ミクロ経済学では、家計や企業の決断によって導かれる財の配分やそこから得られる厚生の性質を調べて、配分ルールの効率性、公平性、平等性、安定性、耐戦略性などを研究します。マクロ経済学では、国や地域全体での配分の性質が政策や制度によってどう変わるかを調べます。いずれの場合も配分は集団的決定の結果として得られるので、集団的決定の性質を知ることがキモになります。したがって、**社会あるところに集団的決定があり、集団的決定あるところに経済学がある**と言っても過言ではありません。

　「資源が無限にある社会では経済学は必要ない」という表現を聞いた方もいるかと思います。それに加えてここでは、「**もし世の中に 1 人の人間しか存在しなければ経済学は成立しない**」と強調しておきたいと思います。個人と集団の選択に関する分析こそ、経済学が最も得意とする分野なのです。

集団的決定は難しい

　集団的決定について考えるとき、まず最初に知っておきたいのは「集

団的決定は難しい」ということです。長い歴史を通して、人類は市場や投票制度などを発明しその便利な機能を活用してきました。そして同時に、その機能の限界にも苦しんできました。再配分、不平等、環境問題、汚職などの例を挙げるまでもなく、複数の人が集まって決断をするときには一筋縄でいかない問題が起こりえることを私たちはよく知っています。

　医療においても、決定をしなければならない場面の連続です。しかも多くの決定は個人だけでできるものではなく、複数の人を巻き込んだ集団的決定です。例えば、がんの末期症状が発覚した患者の例で考えてみましょう。症状の進行具合によって様々な対処法の可能性がありますし、生活環境、既往症などによる個人差も多いでしょう。どのような対処法が最適かを決めるのは、決して単純なことではありません。どのような問題がありえるでしょうか。問題の要点をまとめてみましょう。

　まず最初に、決定は個人的ではなく集団的に行われることが重要です。患者、医師それぞれにとって望ましい選択肢が一致するとは限らないからです。家族の意思が関わってくることもあります。それだけではありません。治療法が希少な資源を必要とする場合、同じ療法を望む他の患者の意思、高度な専門家や機材を必要とする場合にはその専門家の望みやそれらを必要とする他の人々の希望も考慮しなければなりません。意見が対立した場合、誰の希望を尊重するべきでしょうか。

　次に、それらの複数の意思決定主体が持つ情報の差にも注目する必要があります。医師が専門的な知識をもって患者の選択を手助けできれば理想的です。しかし、患者にとって有益な情報でもそれを正確に伝えるのは容易とは限りません。そもそも、どのような情報を有益と考えるかについても、必ずしも全員の意見が一致するとは限らないからです。放射線治療などのように、副作用を伴うことの多い療法においてはなおさらです。

　さらに、最終的に意思決定の責任を持つ人（患者）と専門家（医師）の間で意見と情報が異なりうる場合、問題はいっそう難しくなります。

意見が一致するとは限らない二者の間で情報を正確に正直に共有するのが難しいからです。例えば、医師が医学的データに基づいて治療法を提案しても、患者や家族にとってはそれが最善と信じるのが難しい場合があるかもしれません。お互いが「相手のためを思って」「よかれと思って」選択肢を選んでいたとしても、一番良い選択肢を伝え認識し合うのは難しい場合があります。

　意見の対立や情報の非対称性のもとでは誰の意志を優先するべきでしょうか。治療法に限って考えると、患者が自分の身体について最終的な決定権を持つのが理に適っていると考える人は多いでしょう。一方で、専門的な知識に基づいて最善の決定をするためには医師の意見を尊重する必要があるのも当然です。

　では、医師が患者のことを考えて「決めてあげる」のは望ましいことでしょうか。専門家が決めるパターナリズムに対し、医療者が適切な説明を行って患者の理解を深めるというのがインフォームド・コンセントの概念です。今ではすっかり定着した感がありますが、これが義務化されたのは長い医術の歴史で見ると比較的最近の話（日本では 1997 年の医療法改正）です。それまでは、医師が家族にのみ病名を告げるというのが長く慣習になっている場合もありました。

　それでは、どのような方法を使って集団的決定をすればよいのでしょうか。すべての関係者の意見を上手に集約するにはどうすれば良いでしょうか。民主的に決めるのなら、多数決を使うべきでしょうか。さすがに、意見の対立があるたびに医者と患者や家族の間で多数決をとるのが最善だ、と言い切ってしまうのは乱暴でしょう。決定に関わる人々が納得感をもって決断をするためには、どのような工夫が可能でしょうか。

　医学においては**共同意思決定**（shared decision making, SDM）という概念が使われています。この用語が初めて定義されたのは、米国でカーター大統領によって結成された「医学における倫理問題と生物医学および行動学研究の大統領委員会」が 1982 年に発表した報告書で

(Makoul and Clayman, 2006)、「**専門家と患者の間でそれぞれの知識、懸念、見通しを持ち寄り、治療方針について合意を求めるための対話を行うこと**」と表現されています。この報告書では、さらに「SDM においては、患者のニーズを理解しそれを満たすための合理的な選択肢を考案するだけではなく、それらのうち患者が好むものを選択しやすくするために選択肢を提示することが必要である」と述べられています。ここで重要なのは、情報や選択肢を専門家の方から一方的に与えるのではなく、患者の意思や選好を考慮に入れて共同の選択（shared decision）を行うという点です。

実は、そのような複数の意思決定者の間での誘因についての研究は、まさにミクロ経済学におけるゲーム理論を用いた手法が得意とするところです。その研究分野は**集団的意思決定**（collective decision making, CDM）と呼ばれます。

SDM と CDM、似たような略称が登場しました。しかし筆者が知る限り、両者が同時に語られる機会はこれまでほぼありませんでした。それぞれ医学と経済学ではよく知られた分野です。しかし一見遠く離れた 2 つの分野において、似たような名前の研究分野が生まれるのは、実は不思議なことではないのです。

以下では、CDM の研究の歴史とその成果のごく一部を概観することで、集団的意思決定を上手に行う方法についてヒントが得られることを見ていきましょう。それを通して、医学と経済学に通じる意外な共通点、さらには、一見遠い分野に共通するからこそ本質的な構造が存在しそうだ、という感覚をあぶり出していければと思います。

難しさはどこにあるのか？

集団的決定方法にはどのような種類があり、それぞれがどのような性質を持つのか調べる経済学の分野を「社会選択理論（social choice theory）」と言います。この分野でどのような知見が得られてきたかの概観を得るために、少し歴史を遡ってみましょう。集団的決定の理論については、歴史上の多くの偉大な思想家たちが思考を重ねてきました。17世紀、18 世紀にホッブズ、ロック、ルソーらによって大きく発展した社会契約論を経て、フランスの学者、ボルダ、コンドルセらが数学的な考察を深めました。

　18 世紀後半に活躍したコンドルセ（Nicolas de Caritat, marquis de Condorcet, 1743-1794）は、個人の意見の社会的な集約について理論的に分析した先駆者の一人です。彼の貢献の一つに「コンドルセ・サイクル」と呼ばれるものがあります。世の中で異なる意見を集約するとき、論理的な構造として限界があることを端的に示した例です。

　3 人で旅行先を決める例を考えてみましょう。A さんは山、川、海の順、B さんは川、海、山の順、C さんは海、山、川の順に行きたいと思っているとします。このとき、川と海で比べると A さんと B さんは川を好み C さんは海を好むから 2 対 1 で川の勝ちです。海と山ではやはり 2 対 1 で海の勝ち、山と川でも 2 対 1 で山の勝ちです。したがって、3

図表4-1　コンドルセ（1743-1794）
出所：Album/prisma/ 共同通信イメージズ

人でペアごとの多数決投票をすることで合意に達しようとしても、サイクルができてしまって行き先を決められません（**図表4-2**）。

　これをパラドックス（逆説）と呼ぶ人もいますが、実はこの構造は逆説的でも何でもありません。この例が単純に示しているのは、**個人の意見を集約する際には論理的に限界がある**という厳然たる事実です。異なる意見を集約するときに、1対1の比較による多数派の意思をすべて反映させた順序を作ることは不可能なことがある、という数学的な性質を純粋に表現したにすぎません。

　さらに20世紀になると、ケネス・アロー（Kenneth Arrow, 1921-2017）が不可能性定理を示しました。3つ以上の選択肢があって、集団における各個人の好みがそれぞれ順序関係で表されているような状況

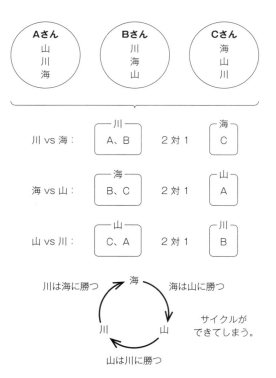

図表4-2　コンドルセ・サイクルの図解

（上の例での山、川、海のような順序）を考えます。この集団で「全体の意見」を表す順序関係を定めるときに、論理的な限界があることを数学的に示したのがアローの定理（1951 年）です。具体的には、

  （1）独裁者が存在せず（誰か特定の一人の意見が常にそのまま反映されることはなく）、

  （2）ある 2 つの選択肢の順序が全員で一致するなら全体の意見でもその順になり（山より川が良いと全員の意見が一致すれば、社会的にも山より川を上位に置く）、

  （3）可能な順序関係に制限がなく（どんな順序でも選好とする自由が保証されている）、

  （4）ある 2 つの選択肢の全体の順序は、各個人がその 2 つの選択肢をどう順序づけるかのみによって決まる（第 3 の選択肢の順序によらない）、

というようなルールは**存在しない**ということを、数学的に証明することができるのです。

　この定理は、私たちが「望ましい」集団的決定ルールを探し求めるときに重要な指針を与えてくれます。以上に述べた 4 つの性質を 1 つずつ見ていけば、それぞれが理に適ったものと言えるでしょう。しかし、これらを合わせて同時に成立するようなルールをいくら探しても数学的に不可能だということを、定理が教えてくれます。したがって、定理を使えば、存在しないルールを探す無駄な努力をしなくてすむのです。

　さらに、1970 年代になってゲーム理論が発展すると、戦略的投票についても不可能性定理が成り立つことが示されました。もし各個人の好みが外からは直接観察できない（そのような情報を**私的情報**という）とすると、意見の集約は難しくなります。順序について嘘をついても、それを確かめるすべがないからです。

　そこで、正直に選好を表明することが常に最適戦略になるような（これを**耐戦略的**と言います。後で詳述します）ルールを考えてみましょう。すると、驚くべきことに、そのようなルールは上の（1）で排除し

たような独裁的なものしか存在しないのです。この事実は、ギバード（1973年）とザッタースワイト（1975年）によって数学的に証明されました。

　では、これらの不可能性定理の意義とは何でしょう。私たちは集団的意思決定の限界を目の当たりにして嘆くことしかできないのでしょうか。そこまで悲観的になる必要はありません。むしろ、不可能であるのだからこそ4つの条件のどれかを緩める必要があることがわかり、状況に応じてどれを緩めるかを考えればよいことになります。

　一つの例を見てみましょう。適切な税率を選ぶ、というように選択肢（政策）を小さいものから順に一列に並べられる場合には、不可能性定理から逃れることができます。各個人が最適と感じるような税率を基準にすると、選好の順序関係はその選択肢からどれだけ近いかによって決まると考えられます。すると条件（3）は必要なくなります。このとき、すべての個人の最適選択肢を一列に並べてその中央値を選ぶというルールを用いれば、他のどの選択肢と1対1比較をしても必ず勝つことが知られていて、中位投票者定理（median voter theorem）と呼ばれます（Black, 1948）。さらにこのルールにおいては正直に最適な選択肢を申告することが支配戦略になる（耐戦略性を満たす）というおまけまでついてきます。

　他にも、後悔や自制心への考慮が必要となるような選択や、参照点が影響を及ぼすような状況では第3の選択肢の存在が重要になることが多いと知られていますので、条件（4）は緩めてもよいかもしれません。

　とはいえ、実は不可能性定理の一番のありがたみは他にあると筆者は考えています。それは「**集団での決定は難しい**」ことを私たちにしっかりと認識させてくれることです。望ましい集団的決定を探すとき、集団での決定はそもそも難しいものだと正しく理解しておくことは極めて重要です。その認識が共有されることによって、無理に全員が納得するような方法を探したり、極端なルールを無遠慮に用いたりしないよう注意を払えるようになるからです。集団で決定するという難題に挑むのです

から、誰かに決定を押し付けたり、誰かの意思だけを不当に尊重したりするのは得策ではありません。各個人が難しさを確認しながら妥協点を探すしかない、という共通認識を出発点にするのは、意外に大切なことです。

メカニズム・デザイン —— 私的情報のもとで

　アローの不可能性定理では、各個人の選好が外部から観察できる状況での意見集約の話をしました。しかし現実の多くの社会選択では、ギバードとザッタースワイトが取り扱った問題のように、他の個人の選好は外部から観察できません。すると、各個人は複数の可能性について予想することしかできないため、問題はさらに難しくなります。

　そのような場面で社会が直面する難しさの構造と、それに対処するために経済学で用いられる理論を 2 つ紹介しましょう。

　社会科学は意志をもった人間を対象にしています。自然科学と社会科学の区別の一つはここにあると言えるでしょう。仮に、確定した個人の選好や情報が外部から観察可能だとしましょう。その場合、ある決定が社会にとって望ましいかどうかを判定するのは比較的容易だと言えます。観察された選好や情報に基づいて、社会的選択が誰に恩恵をもたらし誰が損失を被るのか、客観的に判定することができるからです。しかし、社会的な意思決定問題において個人の心の中を透かして見ることはできません。そのため社会にとって望ましい選択肢を記述するときに、**個人の選好や情報に不確定性と非対称性があることで問題が本質的に難しくなります。**

　例えば、高速道路を建設するべきかどうか、する場合にはどのルートを採用するべきか、という問題を考えてみましょう。高速道路から得られる恩恵や損失はそれぞれの個人が住む場所や生活環境によって異なります。さらに、ルートによって各自治体や市民が負担する費用や受け取

る補助金も変わってくるとしたらどうでしょう。少しでも負担を減らすために、恩恵を少なめに申告したり、損失を多めに見積もったりする人が現れても不思議ではありません。

このとき、最大の課題は正しい情報を引き出すことです。「正直に言ってください」「善意に基づいて行動してください」とお願いをしたところで、残念ながらそうなる保証はありません。この問題は構造的で深刻なものです。人の心の中にある本当の選好を外部から観察できないという事実が、本質的に問題を難しくしています。

そこで、個人が持っている情報を観察できないような状況において、集団的決定のために社会に何ができるかを記述することはできないでしょうか。それを研究する理論が、**メカニズム・デザイン**です。

メカニズム・デザインでは、まずは**目的関数**を定義することから出発します。ここでは、デザインというくらいですから「デザイナー」の存在を想定しましょう。これは、複数の人々によって構成される社会がある課題（例えば高速道路を最適の場所に作る、または作らない）に直面したときに、「できるだけよい」集団的決定をできるようなルールを作る人や組織のことです。デザイナーは公的な政策立案者の場合もあるし、何らかの意図（例えば利益最大化）をもった私的な団体でもありえます。また、社会が目指す目標を仮に表現するためだけの便宜上の概念でもありえます。

いずれの場合も、効率性（高速道路からの便益を増やす）、公平性（一部の市民が不当な扱いを受けない）、公共性（環境などの公共財に悪影響を与えない）などの達成したい目的があって、それを明確に表現するのがデザイナーの役割です。

もし仮に私的情報が観察できたとすると、上述の通り個人の恩恵と損失を客観的に評価してどの選択肢が最適なのか特定することで、社会の目標・目的を表すことができます。これを情報（インプット）から結果（アウトプット）への関数で記述して目的関数と呼びます（**図表4-3**）。このような関数を使うことで、集団的意思決定の目標を明確に表現する

図表4-3　目的関数の図

ことができるわけです。

　しかし、上述したようにこの関数のインプットは外部から観察できません。したがって、目的関数の実現のために何らかの装置が必要になります。そこで「メッセージ」の集合を考えます。メッセージは、各個人が自分の選好や情報をもとに意見を表明するときに送るものです。そして人々のメッセージを集計して、社会で選ぶ選択肢を決めます。この関数を「ルール」と呼びます。

　例えば、メッセージは単純多数決であれば「賛成」「反対」の票、高速道路のような公共財の供給であれば費用負担の程度や使用頻度、オークションであれば入札額や挙手によって表明することができます。こうして各個人から示されたメッセージにしたがって、配分結果を定めるのがルールです。どの選択肢を採用するか、公共財であれば供給するかどうか、するならば誰がどれだけの費用を負担するか、オークションであれば誰が勝者でいくら払うか、といった具合です。

　これらの「メッセージ」と「ルール」を合わせて「**メカニズム**」と呼びます（**図表 4-4**）。

　こうして見ると、世の中の様々な集団的決定方法がメカニズムとして表せることに気づくかもしれません。多数決に限らず多様な投票制度はメッセージの集合とルールを適切に設定したものとして表現できます。オークションや公共財の配分には、参加者による意思表明（入札）から結果への関数として書くことができます。いわゆる一般的な市場にも、メカニズムの定義が当てはまります。各消費者・生産者の購買意欲や生産技術、財の品質など外から観察できるとは限らない情報をもとに、各

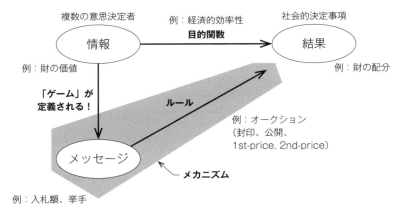

図表4-4　メカニズム・デザインの基本概念
これをマウント・ライター図形（Mount-Reiter diagram）と呼びます。

個人がメッセージ（購買行動や生産活動）を選ぶことで、誰がいくら支払い、何を得るかが決められるからです。

　では、こうしてメカニズムを定義することで、どんな利点があるのでしょうか。最大の利点は、「ゲーム」が定義されることです。ゲームが定義されるとどういうメリットがあるのでしょうか。この答えは、ずばり**均衡の性質や社会厚生への帰結についてゲーム理論の知見を使うことができる**ことにあります。インプットがそもそも観察されないような目的関数の実現に向けて、私たちはゲーム理論という強力な武器を手にすることになるのです。

　例えば、あるメカニズムを使った場合に、ゲームが囚人のジレンマの構造を持っているとわかったとしましょう。ゲーム理論では、囚人のジレンマの解決法の一つが協調装置だと広く知られていますので、メカニズムのどの部分に工夫をすれば社会厚生を改善（パレート改善）するような協調装置を発動できるか、というような考察が可能です。それぞれのメカニズムに対して均衡の性質を調べ、どのメカニズムが目的関数で表現された目標を達成できるかという評価が可能になるのです。

　メッセージの集合が与えられると、各個人は自分の私的情報をもとに

どのようなメッセージを送るのが最適かを選びます。これは私的情報から行動への関数として表され、これをゲーム理論では「戦略」と呼びます。均衡でどのような戦略がとられるかを分析することによって、私たちは各個人の心の中にある情報を直接見ることはできなくても、どのような結果が起こると予想されるのか、その結果がどのような仕組みでメカニズムに依存するのかを記述することができます。そしてどのメカニズムが目標関数の実現に最適なのかを評価することが可能になります。

　前出のマウント・ライター図形で言うと、「情報」から「メッセージ」へと下に降りる矢印が戦略に相当します。「メッセージ」から「結果」への右上がりの矢印がルールです。メッセージとルールを設計することによって、情報から結果へたどり着くために下の二辺を通る道筋が生まれるのです。私的情報を外部から観察できないせいで目的関数の右矢印を直接実現することが難しくても、この二辺を経ることでその達成を目指すことができるというわけです。より数学的に表現すると、目的関数を戦略とルールの合成関数として書けるか、という問題に帰着できることになります。

　この際、各個人が選ぶ戦略では「正直に」私的情報を述べることが均衡になるようなメカニズムに注目することが多いです。これはシカゴ大学のロジャー・マイヤーソン（Roger Myerson）教授らが示した顕示原理（revelation principle）という概念に基づいています。ある目標関数が何らかのメカニズムによって実現できる場合、正直な意思表明戦略が均衡になるようなメカニズムを用いて全く同じ結果を実現できるという結果です。正直な戦略が均衡になるとは、嘘をつくことで利得が上がらない、平たく言えば「正直者が馬鹿を見ない」ことになります。

　まとめると、メカニズム・デザインとは「**私的情報のもとで、上手にメッセージとルールを設計することによって、目的関数によって記述された目標を達成しようとすること**」となります。メカニズム・デザインでは工学的な手法や理論が使われることが多いです。これは、メカニズムの詳細を設計することによって目標の達成度を細かく調整し、うまく

いかない場合にはその原因を究明して改善するという過程が、工学的な作業と多くの共通点を持つためです。性能が良い飛行機やロケットを作るために詳細な設計図を作るように、メカニズム・デザイナーも理論を駆使して制度を設計します。その上でデータを用いて人々の行動が理論と合致しているか、目標が達成されているかどうかを検証し、設計図の修正を繰り返すわけです。

　メカニズム・デザインはハーヴィッツ、マイヤーソン、マスキンの3氏が2007年に受賞したノーベル賞の対象となっただけではなく、2012年のマーケット・デザイン、2020年のオークションでの表彰の土台にある理論で、非常に広い研究分野の基礎になっています。

意思決定者と専門家の関係

　もう一つ経済学でよく扱われる状況に、意思決定者と専門家の間の契約問題があります。例えば、ある経営者が販売員として従業員を雇う場合を考えてみましょう。経営者は会社の運営に際して最終的な決定権を持ちます。しかし経営者がすべての情報を把握することは難しく、細かな決定事項については従業員が持つ専門的な知識や情報に頼らなければなりません。経営者にとって理想的な状況は、従業員が経営者にとって最善の決断を下すために情報を開示して最適な行動をとることです。

　しかし、そのような経営者の淡い期待が応えられるとは限りません。理由は2つあります。まず1つ目は、経営者と従業員の間で必ずしも行動目標が一致するとは限らないことです。そして2つ目は、一般的に従業員が持っている情報は外部からは観察できないことです。その両方に当てはまる例が、従業員の努力の度合いです。経営者にとって最適のレベルで従業員に努力を強要するには無理がありますし、従業員の実際の努力のレベルを正確に把握するために行動をつぶさに監視することは最適とは言えません（モニタリングコストがかかりすぎてしまいます）。

　では、どのようにすれば経営者は情報を開示して望ましい行動をとるよう従業員に促すことができるでしょうか。

　このような状況において、経済学では「契約」を用いて解決策を探ります。上手に契約を設計することで、経営者が望む行動を従業員がとりたくなるようなインセンティブ（誘因）を与えるという考え方です。インセンティブの与え方にはいくつかの原則があります。例えば、実際の行動（どれだけ従業員が努力したか）が直接観察されなくても、行動に左右される結果（どれだけ売上があがったか）によって報酬を変えるのが効果的です。これは当たり前に聞こえるかもしれませんが、裏返して考えるとそこまで自明ではないかもしれません。現実には、実際の行動に左右されない結果（その期の景気等の要因によって偶然得られた利益）にしたがって報酬が変えられる制度が多くありますが、その場合には望ましい行動へのインセンティブは相対的に下がってしまうので理想的とは言えません。より一般的には、（観察できない）実際に取られた行動によって複数の（観察できる）結果が左右される場合、より敏感に行動に反応する指標に重点をおいて報酬体系を設計するのが良いと言えますが、実際に行うのは容易ではありません。したがって、どのような報酬体系がうまく行きやすいか、という難題に立ち向かうための研究分野が成り立つことになります。

　このように、行動誘因を用いて望ましい行動を促す仕組みは、経済学では契約理論という分野で研究されています。この分野では2016年にオリバー・ハートとベント・ホルムストロームがノーベル賞を受賞したほか、ジャン・ティロールが2014年に受賞した市場と規制の分析にも深く関わっています。

　契約理論においてよく分析対象になるのが、**プリンシパル（依頼人）・エージェント（代理人）問題**です。意思決定者（プリンシパル）が私的情報をもつ別の主体（エージェント）に何らかの行動を促す状況を分析します。エージェントにしか観察されない情報がある場合に、プリンシパルにとってより望ましい行動をとってもらうためにはどのような報酬

体系を設計すればよいか、という問題を扱います。雇用関係だけではなく、多くの場面でこれと同じ構造が見られます。保険業者と被保険者の関係や中古車市場におけるモラル・ハザードや逆選択といった問題と関連が深いこともよく知られていますので、耳にしたことがある読者の方も多いと思います。

　興味深いのは、政治の分野でも似た構造の問題が起こりうることです。間接民主主義は多くの国で採用されていますが、そこでは主権をもつ市民（プリンシパル）を代表して代議員（エージェント）が立法権や行政権を行使することになっています。ここでも、最終意思決定者がより詳しい情報をもつ専門家に仕事をしてもらうために、どのようなインセンティブを提供すれば良いのか、という共通の視点で見ることが可能です。したがって、同じ理論の枠組みを用いて分析を行うことができるのです。

　医者と患者の関係にも、まさにプリンシパル・エージェント問題が当てはまります。専門的な知識をもつのは医師ですが、最終的な意思決定者は患者です。ただし、ここでさらに問題を難しくしているのは、誘因を与える道具として金銭的報酬が使いにくいことです。「私のがんを治療してくれたらボーナスを支払います」という契約は倫理的に問題があると考える人が多いのは不思議ではありません。金銭的な報酬はインセンティブを与えるという側面だけを見れば便利な場合もありますが、医療や社会の健康は公共財ですから、金銭だけに頼るのは問題があります。したがって、金銭的な手段を用いることなく誘因を生み出す工夫が必要になります。情報を持つ医師の意見を尊重することで決定の質を上げるという利点を生かしながら、私的情報の非対称性からくる問題を軽減する必要があるわけです。

どのような仕組みを使えばよいか？

　では、どのような仕組みを使えばよいでしょうか。ここでメカニズム・デザインの出番です。金銭的報酬だけではなくインセンティブに工夫をすることで、意思決定者や専門家が望ましい行動をとるようなメカニズムを設計するためにはどのようなルールが役に立つのでしょうか。その問題に答えるために、役に立ちそうな理論をまとめてみましょう。

　まず、与えられた環境において各行動主体の最適行動を記述するのは**ゲーム理論**が最も得意とする分野です。メカニズムによって定義されるゲームの均衡を分析することで、どのような結果が導かれるのかを記述できます。またその行動は、メカニズムのどの部分を変更するとどのように変わるのか、比較静学を用いて分析することができます。

　次に、理論で予測される「合理的な」行動がどれくらい実際の行動と一致するのか、また一致しない場合にはどのようなパターンがあるのか、ということを調べるために**行動経済学、実験経済学**が用いられます。実験室や実際の政策によって（フィールドで）得られるデータを用いて、人々の行動のパターンを理解することを目指します。そのためには、データを正しく集め、正しく解釈しなければなりません。本書の前半でも強調されている通り、メカニズムを設計するときには、**データやエビデンスに基づいて行う**のが大原則です。

　一方で、人間には将来生まれ持っての**バイアス**があることも考慮に入れなければいけません。人間の行動はいわゆる「合理的な」ものから外れることがあり、その外れ方にはパターンがあることがわかってきました。バイアスのパターンを認識して設計を行うことで、バイアスを活用した制度を作ることができます。ナッジはそのような代表例です。

　最後に、経済学と医学における制度設計の共通点として、**納得感**のある決め方が重要であることを強調しておきたいと思います。決定に関わる人々がきちんと参加をして、「自分で決めている」という意識が大きな

役割を果たしていることは、医学でも経済学でも共通するところです。納得感のある決定をすることで、より多くの人が参加できれば公平感も増します。よいメカニズムでは、人々の積極的な参加が促され、議論によって情報が共有され、正直者が馬鹿を見ないようにルールが設計されています。このような当たり前の目標を実現することが、経済学におけるコレクティブ・デシジョン・メイキング（CDM）、また医学におけるシェアード・デシジョン・メイキング（SDM）の目指すところです。

　次節では、集団的決定理論の研究成果を紹介することで、以上各分野からの知見をどのように活用できるのかをもっと具体的に見ていきます。集団的決定は難しい、その出発点については十分共感していただけたことでしょう。だからこそ、様々な工夫をフル活用することで、少しでも望ましい決定ができるようなルール設計を目指したい。その秘訣について詳しく見ていきたいと思います。

2
意見集約の様々な工夫

一人一票は当たり前ではない？

　集団で決めるのは難しい。では、異なる意見や選好をもった人々が集まったとき、様々な意見を上手に集めて集団的決定に反映させるには、どのような工夫ができるでしょうか。ここでは意見の「集約」に焦点を合わせてみます。

　世の中には、多様な決め方があります。異なる意見を一つの決定にまとめあげるときに、多くの人が第一に思いつくのは多数決でしょう。多数決は古くから人類の集団的決定の歴史に現れてきました。ギリシャ時代には都市国家アテナイで投票が行われた記録が残っていて、そのとき石を用いて投票したので投票・選挙に関する科学的な研究のことをシフォロジー（psephology）と言います。pseph- という接頭辞は小石を意味するギリシャ語（psephos）に由来します。スパルタにおいては、民会における官職選挙の際に「拍手喝采の音量」を用いた多数決制が用いられたという記録がプルタルコスの英雄伝に残っています。約 2000 年前から、人類は集団的意思決定に投票を用いていたわけです。

　多数決では、一般的に「一人一票」の原則が用いられます。投票に参加するすべての人が一票を投じるので、とてもわかりやすいし公平感も

高いことが多いです。実際、一人一票が民主主義の基本原則として挙げられることもあります。その場合、収入、性別、人種などによって規定されない普通選挙を指します。

　しかし、民主的投票イコール一人一票、と考えるのは早計です。世の中にはいろいろな集団があり、その集団が持つ目的や公共性といった要素によって適切な投票方法が異なることもあるからです。上記のスパルタの例では、各個人は強い支持を示すためには大きな音で拍手をするなど調節ができました。ある選択肢を強く支持したり、逆にどの選択肢でも大差ないと感じたりするときには、人の意見の強さを表明できる方法が望ましいと感じる人もいるかもしれません。そんな場合、一人一票とは異なる方法が使えそうです。例えば、一人ひとりに25ポイントを渡して、それぞれの選択肢にポイントを配分してもらうという方法はどうでしょう。このような点数配分を用いれば、好みの度合いを強弱をつけて表明してもらうことができます。実はこれは、日本カー・オブ・ザ・イヤーの選考で用いられている方法です。車を高く評価するときに、その評価の強さまで表明できる仕組みになっています。

　また、一般的な株式会社の議決権ではどうでしょう。どのようなルールが公平と言えるでしょうか。企業において多数の株を持つ株主はそれだけ多くの資金を投入しているのだから、持ち株に比例して票数を持つ方が公平だ、と考える人が多いかもしれません。すべての株主が等しく一票ずつ持つ投票は、逆に公平さに欠けるとも言えます。実際に、多くの株主総会において票数は持ち株数に比例しています。

　国際機関ではどうでしょう。国連では原則として一国一票の制度を用いています。投票は国の主権を代表して行われると考え、人口や経済力の大小によって差をつけないという考え方です。一方、IMFや世銀において議決権は出資割当額によって決まります。組織の主要目的である融資のために資金が必要だから、出資を促すような仕組みにしている（ということになっています）。欧州連合においては、議決権を持つ機関として欧州議会と欧州連合理事会がありますが、27の参加国はすべて一国

一票を持つのではありません。各国に割り当てられた議席数・票数は異なり、可決のための条件も異なります。

　このように、どのルールが適切かという判断は、組織がもつ公共性や活動の目的などによって当然異なります。企業における意思決定、大学における教授会や学長選挙。また政治の世界では、国政選挙、地方議会選挙、首長選挙。様々な社会において、多彩な投票制度が用いられています。万能な「魔法のルール」が存在するわけではなく、いろいろな制度が混在して使われていることも、理想的なルールはそれぞれの意思決定の性質によって異なることの証左と言えるでしょう。

多数決の問題点

　一人一票の単純多数決は幅広く使われています。しかし多数決には多くの問題が含まれることが知られています。

　まず、一人一票の単純多数決では「本当に幅広い支持を受けた」選択肢が勝つとは限りません。仮に 10 個の選択肢があって票が割れる場合、理論上は 10％をわずかに超える支持のみを得て勝つことが可能です（例えば、勝者の得票率が 10.09％、他のすべての得票率が 9.99％）。したがって、もし投票率が 50％であったら有権者のわずか 5％超の支持で勝者になってしまうこともあるわけです。これでは本当に多数の支持を受けたとは言えないので、多数決という名前に値しません。投票者の納得感も得られないでしょう。

　そのため、例えば芸術作品の最優秀賞の選出のように票が割れることが多い場面では、単純多数決は避けられることが多いです。毎年世界中の映画で賞を争うアカデミー賞においても、このような理由で 2009 年、作品賞の選出がランク投票（即時決選投票、instant runoff voting）に変更されました。ランク投票はオーストラリア、アイルランド、イギリスなどの議会選挙や地方選挙でも用いられている方法です。

　日本でも、毎年多くの人気作が話題を集める「本屋大賞」では全国の書店員の投票によって受賞作が決まりますが、ここでもランク投票の一種が使われています。一次投票では一人3作品に投票します。その上位10作品が二次投票に進み、1位に3点、2位に2点、3位に1.5点の点数がつけられて獲得総点によって順位が決まります。一人一票の多数決を使うと、選択肢が多くて票が割れやすいため（少数の熱狂的な支持ではなく）多くの人の支持を得る選択肢を選びたい場合にはうまくいかない恐れがあります。フランスの大統領選挙や地方選挙でも、二回戦制を用いることで過半数の支持を受ける候補を選ぶ工夫がされていて、これも一回勝負の単純多数決がもつ問題点を克服する試みの一つと言えるでしょう。2021年の自民党総裁選挙でも、二回戦制が用いられた上に一回戦と決選投票では地方票の定義を変えるなど工夫がされました。**一般的に、票が割れやすい状況で一人一票の多数決を用いると、多くの投票者の納得感が得られない候補が勝ってしまうおそれがある**と言えます。

戦略的投票はなぜ問題なのか？

　さらに、多数決においては戦略的投票が起こることが多いです。皆さんも、支持する候補の勝ち目がない選挙で自分の票が死票になってしまうと心配した経験はないでしょうか。一人一票しか投票できない場合、投票者はどの候補に投票するかを戦略的に考えなくてはなりません。勝ち目がない候補に投票しても結果は変わらないので、少しでも自分の意見を結果に反映させるためには、有力候補に対象を絞って、その中でより自分の選好に合った候補に投票する必要があります。

　ヨーロッパではこの問題は深刻です。多くの国で環境政策や反暴力に明確な態度を示す「緑の党」が一定の支持を集めていますが、小選挙区や大統領選などただ一人の勝者を決める選挙では、有力候補には遠く及ばず勝ち目がない場合が多いです。このとき、緑の党を支持する市民が

死票を避けたいと思えば、当然別の有力候補に投票する誘因が生まれます。本当に支持する候補に「無駄に」投票するよりは、自分が少しでもマシだと感じる候補に投票することで、少しでも結果に影響を及ぼす確率を上げたいと思えば、そうするしかないからです。この例に限らず、有権者が自分の本当の選好を正直に表明するのではなく、何が自分にとって有利かを考慮して投票先を決めることを、**戦略的投票**と言います。

　そもそも、戦略的投票はなぜ問題なのでしょうか。

　選挙の目的は、と聞かれたら、「勝者を決めること」と答える人が多いかもしれません。しかし、選挙にはいくつかの機能があり、勝者の決定は選挙の目的の一つにすぎないことには注意した方がよいでしょう。選ばれた選択肢が政治的な責任を負う場合、その正当性（legitimacy）や説明責任（accountability）を明確にするために、実際にどれくらいの支持を得ているのかという情報は大きな役割をもちます。したがって、実際にどの選択肢がどれくらいの支持を得ているか、人々の選好について正確に知るのは非常に重要で、選挙はその統計的なデータを得る貴重な機会でもあります。そのため、人々が正直に投票するルールが「望ましい」選挙の条件になります。この意味で、戦略的投票が起こりやすい多数決は、優れた候補とは言えません。投票結果に歪みが生じ、正直な意見が結果に反映されなくなってしまうからです。

　さらに、戦略的投票が有利に働く場合、予期せぬ不平等が生まれるきっかけにもなります。もし、選挙に関する情報や効果的な投票戦略がとても複雑で、素人には手が出せないほど難しかったらどうでしょう。このとき、選択肢に関する情報や他の有権者の動向を調べて戦略の助言をしてくれるコンサルタントにお金を払う余裕がある人に有利になります。税金に関する法律が複雑になりすぎたときに、税理士に代金を払って節税をする余裕がない人が損をする様子に似ています。また複雑な金融システムやフィンテックの先端技術を前に、ズブの素人が専門家に勝てるわけがないのと同様です。資産家に有利な選挙は、果たして公平と

言えるでしょうか。

　それだけではありません。もし戦略的投票によって結果が変わるのであれば、投票権を持つ人にお金を払って意向通りに投票してもらおうと考える人が現れるかもしれません。それが立法や行政を司る地位の人の投票で起きたとしたら、汚職を引き起こす原因になります。

　逆に、正直な意見表明による投票結果が実現できたらどうでしょう。有権者の納得感も高く、選挙の正当性も確保されやすいと言えるでしょう。「正直者が馬鹿を見る」のを好まない人も多いと思います（筆者もその一人です！）。それを避けるためには、ルールに工夫をすることで「正直者が馬鹿を見ない」状況を作るのが望ましいです。ここで「納得感」というキーワードが非常に重要になります。これは選挙に限らず、制度設計全般に当てはまることです。たとえ正直な投票が社会にとって望ましくても、正直に投票することで有権者にとって望ましい結果が得られにくいのであれば、戦略的に投票する人を責めることはできません。むしろ責められるべきなのは、そのような誘因を与える原因となった制度のほうです。「ルールを憎んで人を憎まず」というわけです。誰かを出し抜くことが必要なルールから得られた結果には、納得感が伴いません。つまり、納得感を得るためには戦略的投票は忌むべきものと言えるのです。

　こうした理由で、制度設計においては「**耐戦略性（strategyproofness）**」を望ましいと考えます。これは、正直に投票することが常に最適戦略になるという性質です。

　少し余談になりますが、このような、制度が満たすべき性質のことを社会選択理論では「公理（axiom）」と呼び、古くから研究の対象になっています（Plott, 1976）。複数の公理をまず列挙して、それらを同時に満たす制度を調べる公理的特徴付け（axiomatic characterization）という手法が標準的に使われます。他にも、「公平性（fairness）」や「正当化された妬みがない（no justified envy）」などの概念を数学的な表現を用いて明確に定義することができます。これらの公理を満たすような制度と

は何かを調べることで、私たちが制度設計を工夫する際に「何ができるのか」を明らかにするのです。そうして明らかにされたルールには公理によって担保された納得感が伴う、というわけです。

　逆に、何ができないのか、が明らかになってしまう場合もあります。先に見たアローの不可能性定理はその一例です。しかし、たとえそれが不可能性であったとしても、満たしてほしい性質を公理として明記することで、どの公理が問題を起こしているのかを知ることができます。したがって、納得感が伴う制度を探すためには役立つと言えます。

　話を戻しましょう。選挙制度設計においては、戦略的投票を減らすことが「望ましい」と考えられます。その目標は、耐戦略性を公理として要求することで表現することができ、投票ルールの性質を比較する際に用いられます。単純多数決では、戦略的投票が問題になることが多いです（以下で詳述します）。

メッセージを豊かにする

　では、どのようなルールを用いればよいでしょうか。

　一人一票の単純多数決では、一つの選択肢だけにしか意見表明ができません。もし自分が本当に応援したい弱小候補に一票を投じてしまったら、競っている有力候補についての自分の意見を表明する機会がなくなってしまいます。そこで、各個人が票を通して表明できる意見の種類を増やすのはどうでしょうか。複数の候補者について、より詳細な意見を表明するようなルールを使うのです。前述のメカニズム・デザインの言葉を使えば、「メッセージを豊かにする」ことが有効になると考えられます。

　例えば、前に述べたランク投票はそのような工夫の一つです。選択肢が多い場合でも、3 位まで意見を表明できるとすれば、もっと豊かな意見表明が可能になります。アカデミー賞や本屋大賞など、票が割れやす

い投票において力を発揮します。

　メッセージを豊かにする好例が、**承認投票**（approval voting）です。各投票者は一つの選択肢を選ぶのではなく、それぞれの選択肢について「承認」または「非承認」を選ぶことができるというルールです。これはとても単純なルール変更に見えるかもしれませんが、メッセージの豊かさで見ると意外に大きな差が出ます。例えば選択肢が10個ある場合、単純多数決では棄権も含めて11種類の意見しか表明できません。一方、承認投票では各選択肢に対して2通りの投票ができ、それを10個独立に選べるので2を10回掛けて1024通りの意見表明が可能です（厳密には、全員への投票は棄権と同値になるので1023通り）。意見表明の可能性は一気に100倍近くに広がります。

　さらに、各選択肢に「承認」「無意見」「非承認」の3通りを表明できるルールではどうでしょう。これらをそれぞれ1点、0点、－1点と数えて、合計点数が最大の候補を勝者とする。この場合、3を10回掛けて（さらに2を引いて）実に5万9047通りの意見表明ができるようになります。こんな単純な変更（**図表4-5**）で、意見表明の豊かさ（メッセージ空間の大きさ）は約5900倍にも大きくなりました。

　承認投票をはじめ、各候補者に点数をつけることができるようなルー

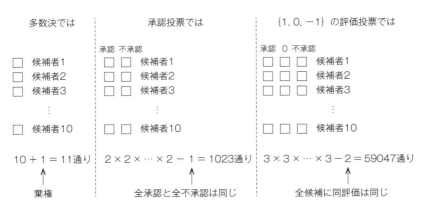

図表4-5　多数決、承認投票、評価投票の図解

ルを一般的に**評価投票**（evaluative voting）と呼びます。配点を変える
ことで、実に様々なルールを考えることができます。どのような結果が
得られるか、理論と実験の両方を用いて研究と試行が進められていま
す。中でも、特筆に値するのが**マジョリティ・ジャッジメント**と呼ばれ
る方法で（Balinski and Laraki, 2010）、発案されたフランスではパリ市
の市民参加型予算における投票に用いられるなど、広がりを見せていま
す（後で詳述）。

フランス大統領選挙での実験

　2012年フランス大統領選挙では、筆者も承認投票と評価投票の社会
実験に協力しました（Baujard et al., 2018）。社会選択理論の大家である
モーリス・サル教授の主導と国立科学研究センター（CNRS）の協力の
もと、フランス北部ノルマンディー地方のルヴィニー（Louvigny）とい
う小さな街で、実際の大統領選挙の一回戦投票が行われる会場に行き、
承認投票のフィールド実験を行いました。筆者もCNRSのTシャツを着
て、他の研究者たちと一緒に実験参加を呼びかけました。投票をすませ
た有権者に近づき「投票お疲れさまでした！　私たちはCNRSの研究者
です。投票に関する科学的な実験に参加していただけますか？」と尋ね
たのです。声をかけた4319人のうち2340人が実験に参加してくれまし
た。

　同意してもらった場合、被験者にはたった今出てきた投票所の隣の部
屋に入ってもらいます。そこでは実際の投票ブースと全く同じ間取りで
投票所が用意され、ルールを説明した上で用紙だけ承認投票（AV）も
しくは評価投票（EV）に代えて投票してもらいました。そのあと、実際
にルールを理解したのか、一人一票ではどこに投票したのか、などのア
ンケートを実施しました。

　評価投票（EV）では3種類の実験が行われました。｜−1, 0, 1｜と

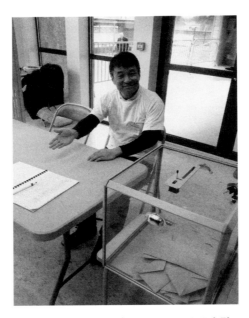

図表4-6　2012年、フランス北部ルヴィニーにおける実験

示されたものでは、各候補に「非承認（−1点）」「無意見（0点）」「承認（1点）」を入れることができます。｛0，1，2｝と示されたものでは、「無意見（0点）」「承認（1点）」「強く承認（2点）」を選ぶことができます。最後の［0，20］では、20点満点で好きな整数をつけることができます（注：フランスでは小学校から大学まで、20点満点で成績をつけることが標準になっています）。いずれも、合計点数によって順位が決まります。

　以下がその結果です（**図表4-7**）。

　実際に使われている二回戦式投票の公式結果（順位）に加えて、承認投票（AV）、評価投票（EV）の実験結果を併記しました。△は実際に比べて順位を下げたこと、○は上げたことを表します。実際の選挙では、現職の右派サルコジ氏に左派オランド氏が挑戦し、両者が決選投票に進んだ末オランド氏が勝利しました。一回戦で極右候補ル・ペン氏が3位

	公式	AV	EV {−1, 0, 1}	EV {0, 1, 2}	EV [0, 20]
オランド	1	1	1	1	1
サルコジ	2	2	△4	△3	△4
ル・ペン	3	△5	△8	△5	△6
メランション	4	4	◯3	4	◯2
バイルー	5	◯3	◯2	◯2	◯3
ジョリ	6	6	◯5	6	◯5
デュボン＝エニャン	7	△5	7	△8	△8
ブトゥ	8	◯7	◯6	◯7	◯7
アルトー	9	9	9	9	9
シュミナード	10	10	10	10	10

図表4-7　投票実験の結果
公式投票は実際の二回戦式投票の結果。承認投票 AV および評価投票 EV の結果でも、アンケートで得られた実際の投票との対応関係を全国の結果に比例した重みをつけて適用した。

出所：Baujard et al.（2018）をもとに筆者作成

につけたことも話題になりました。

　興味深いのは、順位の変化に明らかなパターンが見られたことです。サルコジ氏とル・ペン氏は、実際の多数決に比べて実験ではおしなべて順位を下げました。一方で、中道バイルー氏、左派のメランション氏、緑の党のジョリ氏は順位を上げました。

　順位を上げる候補と下げる候補に差が出たのはなぜでしょうか。

　これらの実験における得票の配分を見ると、順位を下げた候補では意見が割れている傾向が強いことがわかります（**図表4-8、4-9**）。サルコジ氏、ル・ペン氏に真ん中の評価をつけた人（グラフの灰色の部分▩）の割合は少ないです。一方、バイルー氏、ジョリ氏のように順位を上げた候補では、強い意見は肯定的にも否定的にも多くは見られず、真ん中の評価を集めました。つまり、EV で順位を下げた候補には有権者の好き嫌いがはっきりしていて、逆に順位を上げた候補には積極的な支持が多いとは限らないが否定的な意見も少ないのです。**単純多数決に比べ**

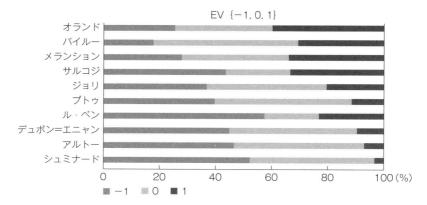

図表4-8　評価投票 {−1, 0, 1} の結果
出所：Baujard et al.（2018）をもとに筆者作成

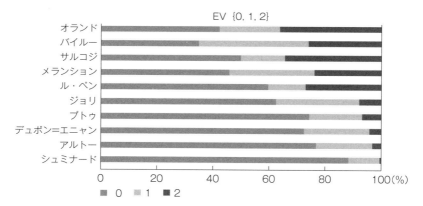

図表4-9　評価投票 {0, 1, 2} の結果
出所：Baujard et al.（2018）をもとに筆者作成

て、EV では広く浅く支持される選択肢が上位に入りやすいと言えます。裏を返すと、単純多数決では狭く深く支持される候補に有利に働くことになります。他のスコアリング・ルール、例えばボルダ・ルールと比べても、単純多数決には同じ傾向があることが知られています（Balinski and Laraki, 2010, Chapter 19、坂井 2015）。

　すでにお気づきの方もいると思いますが、2つの評価投票 {−1, 0,

1｝ と ｛0，1，2｝ は数学的には全く同値です。それでも、結果は異な
りました。特に目立つのは、実際は 3 位であったル・ペン氏が前者で 8
位まで下げたことです。これが意味するところは、**票のラベルは重要な
意味を持つ**ということです。人の選択は選択肢がどのような枠組み（フ
レーム）で表現されたかによって変化することが知られています。この
現象は**フレーミング**と呼ばれます。ここでは、真ん中の評価を 0 点（基
準）として否定的（− 1）または肯定的（＋ 1）な点を入れるのか、そ
れとも一番低い評価を基準として肯定的（＋ 1）または強く肯定的（＋
2）な点を入れるのか、というフレームが異なります。このデータから
は、投票行動においてもフレーミング効果が働いていることを見て取れ
ます。行動経済学では、フレーミングに関する研究は最も歴史が長い分
野の一つで（Kahneman and Tversky, 1979）、今なお様々な研究が行わ
れていて、多くの興味深い結果が得られています。

　結果には微妙な差がありますが、｛0，1，2｝ の評価投票でも、やは
り好き嫌いが分かれた候補は順位を下げ、真ん中の評価が多い候補が順
位を上げたことがわかります。

投票の集中度を数学的に示す

　さらに興味深いことに、この傾向はルールの数学的性質を用いて表現
できるのです。

　10 人の候補がいる選挙を考えてみましょう。点数の配分という視点で
見ると、一人一票の多数決では（0，…，0，1）という点数が付与され
ると表記できます。一方ボルダ・ルールでは（0，1，2，…，9）という
点数が付与されます。上記の評価投票では 0，1，2 を任意に 10 個並べ
たベクトルが点数配分になります。配分の不平等性を表すにはいくつも
指標がありますが、どれを用いても多数決の配分が一番偏っていると示
すことができます。不平等性の用語を用いれば、この関係は「一人一票

はボルダ・ルールや評価投票にローレンツ支配される」と表現することができます。例えば不平等の指標として一般的なジニ係数を用いれば、多数決では 0.900 に対してボルダ・ルールは 0.367 となります。また、これらを 10 次元のベクトルとみて和を定数にした単体（simplex）上の空間で表現すると、前者は一番端の頂点に位置するのに対して後者は中心に近い点になります。このように、一人一票の多数決は他のルールに比べてより「極端」であることを数学的に表現することができます。言い方を換えると、**多数決では有権者の「投票力」はたった一つの選択肢に集中して行使される**のです。

　Myerson（2002）は複数のスコアリング・ルールを同じ枠組みで比較するために、3 つの選択肢の例を用いて、投票可能な評価を次のように定めました。各ルールにおいて有権者は（0,A,1）または（0,B,1）のどちらかを用いて 3 つの選択肢に点数を配分できるとします。例えば、A ＝ B ＝ 0 ならば単純多数決、A ＝ 0，B ＝ 1 ならば承認投票、A ＝ B ＝ 1/2 ならばボルダ・ルールといった具合です（あまり使われる機会はありませんが、A ＝ B ＝ 1 ならば否認投票に相当します）。ここで 0 ≦ A ≦ B ≦ 1 とすると他のすべてのルールを以下の三角形で図示できます。すると、投票の集中度は、**図表 4-10** で左下に行くほど高くなることを示すことができるのです。単純多数決は、ここでも三角形の極端に位置するのに対して、承認投票もボルダ・ルールも中位に位置しています。

　まとめると、一人一票の多数決では一つの選択肢にすべての投票力が集中するので、有権者の強い意見がより強調されやすいことがわかります。さらにその仕組み上、多数決では少数の支持によって勝者となることが可能なので、少数の熱狂的な支持者のいる候補が順位を上げやすくなります。したがって、票が割れやすい状況では多数に広く受け入れられない選択肢が勝つことが可能です。また、他の選択肢について意見を表明する機会を伴わないので、戦略的投票を招きやすくなります。一方、承認投票や評価投票においては、熱狂的ではないにしても多くの人におしなべて支持される、または拒絶反応が少ないような候補が順位を

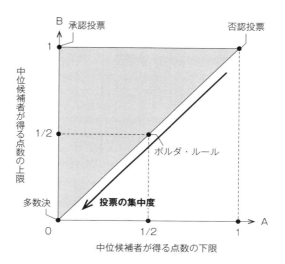

図表4-10　3つの選択肢の場合の異なる投票ルールの比較
出所：Myerson（2002）をもとに筆者作成

上げやすいことがわかります。

社会にとって望ましいルールとは

　では、どのようなルールが社会にとって望ましいのでしょうか？
　それについて考える前に、上と同じ2012年フランス大統領選挙において行われた、もう一つの興味深い実験を紹介しましょう。やはり評価投票についての実験で、投票制度について考える市民団体によって行われた（出典：votedevaleur.org）ものです（**図表4-11**）。ここでは評価はさらに細かく5段階までの表明が可能とされました。有権者は各候補者に対して ｜－2，－1，0，1，2｜ の中から一つの評価を選ぶことができます。それぞれ、「強く評価しない（－2）」「評価しない（－1）」「どちらでもない（0）」「評価する（1）」「強く評価する（2）」というラベルが貼られ、順位は合計点数によって定められました。

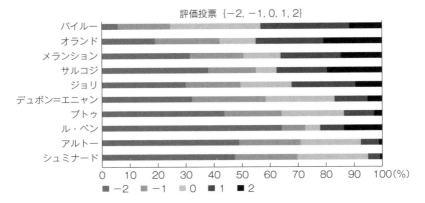

図表4-11　評価投票の市民団体による実験結果
出所：votedevaleur.org のデータをもとに筆者作成

　ここでも、実際の投票結果と比べて順位を上げた候補者と下げた候補者には上記実験と同じパターンが見られました。つまり、順位を下げたのはサルコジ氏、ル・ペン氏のように好き嫌いが分かれる候補、上げたのはバイルー氏、ジョリ氏のように広く浅く支持される候補だったのです。順位を下げた候補に対する真ん中の評価（灰色の部分■）は特に狭く、上げた候補では広いことが見てとれます。

　面白いことに、ここでは唯一、中道穏健派のバイルー氏が勝者となりました。彼は長年有力候補でありながら（2002 年、2007 年、2012 年それぞれ 4 位、3 位、5 位）、決選投票には進んだことのない万年「凡庸候補」でした。誤解を恐れずに言うと、広く支持はされるものの、強いカリスマやリーダーシップとは遠い「毒にも薬にもならない」候補です。

　この実験は市民団体有志によってオンラインで行われたもので、科学的な実験プロトコルと比較して厳密さに劣る部分は否めません。それでも、市民が能動的に選挙制度について実験を行ったという理由で非常に意義深い試みと言えます。そのような実験で「凡庸候補」が選ばれたことは興味深いものです。

　選挙ルールによって順位を上げやすい候補は異なります。**一人一票の**

多数決では好き嫌いがはっきりする候補が順位を上げやすくなります。
これは多数決ルールの一極集中性によります。一方、**承認投票、評価投
票、ボルダ・ルールなどでは広く浅く支持された候補が選ばれやすくな
ります。**票の配分がより分散しているためです。

　したがって、社会においてルールを設計する場合、その特定の選挙に
おいてはどのような候補が望ましいのかを考える必要があります。メカ
ニズム・デザインにおける目標関数に相当する部分です。社会に閉塞感
が濃く、強いリーダシップによって現状を打破したいのであれば一極集
中型ルールが効果的です。逆に、社会の分断を回避し「中庸の徳」を目
指すのであれば分散型のルールが良さそうです。大統領選挙のような行
政府の長を選ぶ場合、カリスマ型あるいは穏健派のいずれを望ましいと
するのかは、その国の民主主義の成熟度や政治環境によって決まりま
す。

「平和のために投票した」

　社会にとって望ましいルールは何かを考えさせるような興味深い例を
一つ紹介しましょう。アフリカ西部の国ベナンにおいて行われた、承認
投票に関する実験です（Kabre et al., 2017）。ベナンはフランスの旧植民
地であり、トーゴとナイジェリアに挟まれた南北に細長い国です（**図表
4-12**）。1960 年の独立以降は独裁制が続きましたが、90 年代の民主的
な多数政党制への移行は比較的穏やかに行われました。ここでもフラン
スと同様に、大統領選挙では二回戦制を用いています。

　この実験は、2011 年の大統領選挙の際に行われました。北部出身で
現職のヤイ・ボニ氏と、南部出身で首相や国民議会議長も務めたウンベ
ジ氏の事実上の一騎打ちでした。合わせて 13 名の候補者が出馬しまし
たが、実際の多数決一回戦では、この 2 名で全国合計の 88.8％を得票し
ました。そのうち実験が行われた県に限って見れば、ヤイ・ボニ氏は

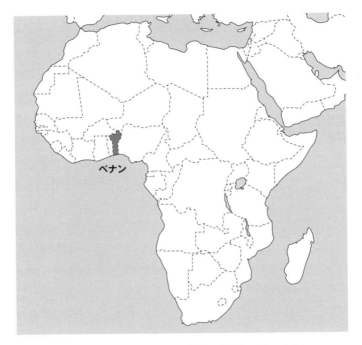

図表4-12　アフリカ西部に位置する、南北に細長い国、ベナン

47.6%、ウンベジ氏は41.6% を得たので、かなりの接戦だったと言えます。

　承認投票の結果は、驚きに値するものでした。勝者は59%対51%でヤイ・ボニ氏でした（承認投票では複数を承認できるので、合計が100%を超えうることに注意）。しかし、**19%もの参加者が二大候補の両者を承認したのです**。これは謎の投票行動です。勝者を選ぶという意味では「合理的な」投票行動と言えないからです。ヨーロッパで行われた同様の承認投票実験では一般的に 5%程度が二大候補の両者を承認することと比べても、かなり大きな数字です。

　なぜ、これほど多くの有権者が両者を承認したのでしょうか。ベナンは南北に細長い国です。しかもベナンは多民族国家であり、人口が多い南部と少ない北部では民族、気候、文化、信仰なども異なります。海に

面し貿易港を持つ南部と、険しい山に覆われた北部の間では自然と経済格差も大きくなります。歴史的にも複数の王国における争いを経て、独立後も地域閥の指導者同士の対立によって南北対立が激化した時期もありました。だからこそ、北部または南部出身候補を応援する場合には、逆の候補を承認せず得票率に差をつけることが唯一「合理的な」投票戦略となります。

　この謎を解き明かすヒントが、被験者のアンケートに見られました。両者に投票した被験者に尋ねたところ、彼らはとにかく国の分断を望まないことを理由に挙げていたのです。地域対立による争いやクーデターを経験した市民の多くは、南北二大候補の対立にうんざりしていました。対立の激化は社会のために望ましくない、したがって、両者を承認しよう。それによって、支持する候補者の当選確率を増やすことにはつながらなくても、異なる支持者間の社会分断を減らす効果を期待したというわけです。彼らにとって、特定の候補者のために投票することが優先事項ではありません。その意図は、アンケート結果に見られた「私は平和のために投票した」という回答に象徴的に表れています。

　承認投票がもつ、このような表現機能は無視できないものです。多数決においても、抗議や不承認の意図を表現するために白票や戦略票が投じられることがあります。**支持する候補の勝率を上げることが有権者の唯一の目標とは限らない**ことに注意する必要があります。承認投票においては、多数決に比べて投票できる票の種類が豊富なため、より多彩な表現が可能になります。最大一票しか投票できない多数決では、「私は分断を望まないので、両者に投票をする」というメッセージを送ることはできません。メッセージを豊かにすることで、有権者により複雑な意見を表明してもらう効果が期待できるのです。

　どのようなルールが社会にとって望ましいかを考える際には、投票者の意図を十分に表現できるほどのメッセージが用意されているか、が一つの基準となります。

投票制度設計という手法

　以上で、世の中には様々な投票ルールがあること、制度によって戦略的行動への誘因に差があること、したがって選ばれやすい候補者の性質が異なることを見てきました。メッセージを豊かにすることで、一人一票だけではなし得ないような、多様な意見の表明が可能になります。それぞれのルールによって投票者の誘因は異なるので、状況や目的に応じて最適なルールを選ぶ必要があります。どのルールを用いるかの判断には、効率性、公平性、耐戦略性などの望ましい性質が満たされるのかを公理的に、系統的に吟味する手法が役に立つと言えるでしょう。

　このために、前節で紹介したメカニズム・デザインの考え方が有用です。メッセージとルールを合わせたもの（＝メカニズム）を注意深く設計することで、目的に沿った集団的決定を目指します。以下では、理論とデータの両方を上手に用いることによって、望ましい設計に生かす方法を具体的に見ていきましょう。

3

理論を上手に用いる

ゲーム理論を使った分析

　集団的意思決定（CDM）における制度設計では、ゲーム理論が大い
に役に立ちます。理由は単純かつ本質的です。**制度を定めることによっ
てゲームが定義される**からです。

　メカニズム・デザインの定義において用いたマウント・ライター図形
をもう一度見てみましょう（**図表4-13**）。メッセージとルールの組み合
わせ（＝メカニズム）を定めることによって、意思決定者が私的情報
（＝外からは観察できない情報）をもとにメッセージを選ぶという構図
が生まれます。ルールの下で、メッセージにしたがって社会的な決定事
項が定まるので、各個人はどのメッセージを選べば自分にとって望まし
い結果が得られるかを考慮してメッセージを選ぶことになります。この
とき、各個人にとって最適な選択は他の個人の行動によって変わるかも
しれません。このような状況を「**ゲーム**」と言います。より正確には
（1）複数の意思決定者がいて（2）それぞれが取りうる可能性のある行
動（＝戦略）が定義されていて（3）各戦略により導かれる結果につい
て個人の選好が定義されている、という状況をゲームと呼びます。その
ような場面における人々の行動を分析するのが**ゲーム理論**です。した

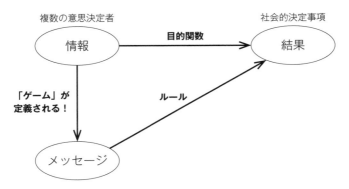

図表4-13　マウント・ライター図形

がって、メカニズム・デザインにおいてはゲーム理論が基本的な分析
ツールとなります。

　少し余談になってしまいますが、ゲーム理論の語源について話しま
しょう。ゲーム理論創立の端緒となったボレル（Emile Borel）の1921
年の論文では théorie du jeu という言葉が使われています。このフラン
ス語の言葉 jeu にはプレイ（play、何かを行うこと、演奏すること）と
ゲーム（game、チェスやサッカーの試合など）の2つの意味がありま
す。ボレルが導入した méthode de jeu という概念がフォン・ノイマン
（John von Neumann）の1928年の論文でドイツ語の Spielmethode と訳
されたときには、戦略的に行動を選ぶという視点で「プレイ」の意味が
強かったと思われます。一方、当時戦略的状況の分析において例として
多用されたのがチェスなどのいわゆるパーラー・ゲームでした。当時世
界最高のチェス・プレイヤー、ラスカーが著した『闘争（Kampf）』と
いう小冊子は、戦略的状況の科学的分析に議論を巻き起こし当時オース
トリアで進展した論理実証主義に影響を与えたほどです（Leonard,
2010）。「ゲーム」の重要性は、フォン・ノイマンの論文の *Zur Theorie
der Gesellschaftsspiele*（英語では *On the theory of parlor games*）というタ
イトルにも表れています。両者に現れるドイツ語の Spiele にもプレイと
ゲームの両方の意味があります。フランス語の jeu とドイツ語の Spiele

を使っているうちは、一つの単語で両方の意味を指すことができたので
す。

　しかし、1944 年にフォン・ノイマンが有名な *Theory of Games and
Economic Behavior* をモルゲンシュテルンと英語で共著したことで事情が
変わります。これで英語の Theory of Games あるいは Game Theory が
用語として定着しました。ご存じの通り日本語でもゲーム理論と訳され
ました。面白いことに、フランス語でも théorie des jeux と訳されてゲー
ム理論を指す専門用語になっています。もともとボレルの jeu は単数形
だったのがめぐり巡って複数形の jeux となったところに、プレイという
戦略的な概念そのもの（単数形）よりも戦略性をもった個々の具体的な
ゲームたち（複数形）を指すようになったことが表れています。ゲーム
理論が「**複数人の個人が社会的集団の中でどのような戦略をプレイする
のかを分析する学問**」であることを考えると、「プレイ理論」の方がその
実情をより的確に表すかもしれません。もし歴史が少し違えば、日本語
訳はそうなっていた可能性もありますね。

　話を戻しましょう。

　ゲーム理論（より正確には非協力ゲーム理論）における最も根本的な
概念が**ナッシュ均衡**です。

　定義（ナッシュ均衡）各個人の戦略が他の個人の戦略を所与とし
　て最適であるとき、このような戦略の組を**ナッシュ均衡**という。

　ナッシュ均衡をはじめとしたゲーム理論の概念は、集団的意思決定の
中でどのように用いられるのでしょうか。以下では、ゲーム理論を用い
た分析例を通して、いかにして集団的決定における本質的な性質をあぶ
り出すことができるかを見ていきましょう。単純多数決によるゼロイチ
の投票ではなく、選好や意見に強弱のある場合にどうやって意見を集約
するのがよいのか、まずは平均値と中央値の比較を通してルールが人々
の行動や結果に及ぼす影響の分析例を見ます。次に、異なる集団や個人

の間で集団的な決定をする場合に、重みをつけることで選好や意見の強さを反映しつつ、少数派の意見をいかに尊重できるか、といった問題を考えます。

平均値vs.中央値

　前節でも詳しく見た点数配分のルールを考えてみましょう。

　ゲーム理論を用いた分析対象は多岐にわたりますが、ここでは**個人の意見に強弱があるとき、その度合いを反映させることで集団的意思決定の質を高めることはできるか**、という問題に注目してみます。

　一人一票の単純多数決では、意見の強さは表明できません。一票を「入れる」「入れない」の2つしか選べないからです。そこで、各選択肢に入れられるのは一票だけではなく点数によって段階をつけることができるとしましょう。こうすれば、個人の好みの強弱を反映させた集団的意思決定ができそうです。前節の例を用いると、承認投票では0または1点、評価投票では0，1，2点もしくは−1，0，1点、フランス式の成績評価では0点〜20点のいずれかを各候補者に与えることができます。日本式の成績評価だと、より細かく各候補者に100点満点で点数をつけることも考えられます。例えば漫才のコンテストで100点満点の点数をつけるのも、意見の強さを表明する一つの方法です。

　このような細かいメッセージを用いることで、個人の意見をより精密に社会決定に反映させることができるでしょうか。

　答えは、「**集約方法による**」です。

　集約方法によって結果がどう変わるかを見るために、あるグルメサイトで各ユーザーが1点〜5点の点数をつけられる場合を考えてみましょう。

　まず点数を集約するときに、**平均値**を用いる場合を考えます。これで、1点や5点といった強い意見も3点という中庸な意見も等しく公平

に集約できるでしょうか。

　すべてのユーザーが正直に投票した場合は問題ありません。しかし、各ユーザーが自分の意見を最大限に反映させることを優先する場合には、困ったことが起きます。例えば、あるお店の平均点が 3 点だったとしましょう。あなたはそのお店で 4 点の経験をしたとします。投票によって平均点を 4 点に近づけたいときどのように投票するべきでしょうか。そのまま 4 点を入れても、もちろん平均点は 4 点になりません。仮にすでに 100 人が投票していたとすると、平均点は約 3.01 点になります。逆に 5 点と誇張して投票すると、平均点を自分の点数に近づけることができます。平均点は約 3.02 と少ししか上がりませんが、それでも 4 点と投票するよりはマシでしょう。

　では、これでこの人の意見は正しく反映されたでしょうか。本当は 4 点なのに 5 点と集計されたのだから、意見集約に歪みが生じてしまっています。このような投票方法を全員がしてしまったら、平均点はユーザーの意見を正しく反映しません。

　ゲーム理論の言葉を用いると、平均値が用いられる集約ルールですべての人が最終結果と自分の意見をできるだけ近づけたいような選好を持つ場合、すべての人が正直に投票する行動はナッシュ均衡になりません。逆に投票人数が多い場合には、ごく一部の例外を除いて「最適戦略は両極端のどちらかの点数に投票すること」になってしまいます。

　このように、**平均点による集約方法は意見の誇張に弱い**と言えます。前でも紹介した、スパルタの選挙で用いられた「拍手喝采の音量」による投票でも、好みの候補者にはできる限り最大の拍手を送る戦略が最適となります。逆に好まない候補者には一切の拍手を送るべきではありません。したがって、すべての投票者が最適戦略を使うというナッシュ均衡においては、**せっかく選好の度合いを示すルールを採用したにも関わらず、結局は 0 または 1 点のどちらかを投票する承認投票と同じことになってしまうのです。**

　これに対して、誇張に強い方法があります。それは、**中央値**による集

約です。中央値とは、すべての値を小さい方から順番に並べたときに
ちょうど真ん中に位置する値のことです。

　中央値による集約は意見の誇張に強いです。このことは、自分の意見
を正直に表明することが最適戦略となることからわかります。しかも、
これは他の投票者たちの戦略によりません。他人がどんな投票をして
いようが、常に自分の意見を正直に表明することが自分にとって最も得が
大きい戦略になるのです。ゲーム理論の言葉を使うと、正直な点数を投
票することが支配戦略となり、中央値による集約方法は耐戦略性を持つ
と言えます。

　その証明は単純です。意見を上方に誇張することで中央値を変えるこ
とができるのは、どのような場合でしょうか。その答えは中央値の定義
を考えるとわかります。正直な意見と誇張した意見が中央値から見て同
じ側にある場合、中央値は変化しません。したがって、自分の正直な意
見が中央値よりも高かったとすれば、上方に誇張しても中央値は変わり

① **（中央値）＜（正直な意見）のとき**

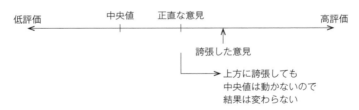

② **（中央値）＞（正直な意見）のとき**

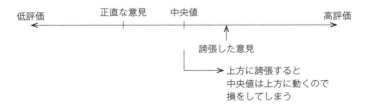

図表4-14　中央値による集約が耐戦略性をもつ図解

ません。すでに中央値より上方にある意見をさらに上方に誇張しても中央値には一切影響がないからです。

　意見を上方に誇張することで結果が変わるのは、自分の意見が中央値より低いか同じときに限ります。その場合に誇張すると中央値は上がるので、結果は自分の正直な意見から遠ざかってしまいます。これで自分は損しかしないので、上方への誇張は最適戦略になりえません。同様に、下方に誇張することで結果を変えられる場合も得をすることは決してありません。ゆえに、正直に投票するのが常に最適戦略となります。

　このように中央値は優れた性質を持つのですが、一つ大きな問題があります。それは、引き分けが起きやすいことです。例えば 1 点〜5 点でつけられた多くの点数の中央値を取ったとき、結果は 5 通りしかありえません。さらに中央値という性質上、結果は中程の値になりやすいものです（例えば一様分布からたくさんの数値をランダムにとった場合、中央値は区間のちょうど真ん中に収束します）。仮にグルメサイトですべてのお店が 1〜5 の整数の点数しか取らなかったら、しかもほとんどのお店の評価が 3 点だったら、あまり参考にならないでしょう。これでは実用性に耐えません。

　そこで、正直に意見を表明する誘因を与えつつ引き分けの確率を下げるような工夫がいくつか考えられます。その一つとして、トリム平均（刈り込み平均）が挙げられます。最高点と最低点をある割合で取り除き（刈り込むという意味の単語 trim から来ています。ペットショップで行うトリミングという単語と同じ由来です）残りの平均値を取ります。こうすることで、極端な誇張をする誘因を減らしつつ引き分けも避けられます。

　トリム平均は、オリンピック平均と呼ばれることもあります。例えば、体操競技の採点においては、演技の出来ばえを評価する E スコアを算出する際に複数の審判員が出したスコアの最高点と最低点を除き、残りの平均点を取ります。また、ロンドン銀行間取引金利（LIBOR）の決定では、18 の値のうち上位と下位の 4 つを取り除き残り 10 個の平均を取る

という方式が使われていました。

　しかし、トリム平均でも不正直な投票の誘因を完全に取り除けるわけではありません。実際に、LIBOR では不正操作が発覚し指標は廃止されることとなりました。そのアメリカ版の後継指標とされる SOFR（担保付翌日物調達金利）では、取引規模で重み付けをした中央値が使われています。

　まとめると、**平均値は戦略的投票に弱いです。一方、中央値は戦略的投票に強いですが、結果として引き分けが生じやすいという問題が起きてしまいます。**

マジョリティ・ジャッジメント

　中央値が誇張に強いという性質を使いつつ、引き分けにも上手に順位をつけるという面白い集約方法が近年提案されました。**マジョリティ・ジャッジメント（Majority Judgment, MJ）**です。これは 2007 年の論文でミシェル・バランスキーとリダ・ララキが発表した方式で、2010 年に同名の著書としてまとめあげられました（Balinski and Laraki, 2010）。

　この方式は、複数の候補にランキングをつけたい場面に使われます。各投票者は、それぞれの候補に対してグレード（grade、評点、等級）を 1 つ選んで審判（judgment）を下します。グレードには、例えば、「優秀」「とても良い」「良い」「容認できる」「不十分」「却下」などのように自然言語で書かれた言葉を用います。各候補の最終的なグレードは、その候補へのすべての投票を集めてその中央値と定めます。引き分けの場合は、中央値より上および下のグレードを選んだ票の数によって差をつけます。最終的に、各候補に定まったグレードの順にしたがってランキングが決まります。勝者を決めたい場合には、1 位にランクされた候補を勝者とします。

　詳しいルールは、補遺で例を用いて解説していますので、そちらを参

照してください。

　この方式の優れたところは、中央値を使っていることです。上で見た通り、自分の意見を候補の評価に最大限に反映させるためには、正直に意見表明をすることが支配戦略となります。したがって、戦略的投票によって意見集約が歪められる機会は小さくなります（ただし、投票者が自分の意見の正確な反映よりも一番と思う候補者の勝利を優先させる場合には戦略的投票が有利に働くこともあるので、注意が必要です（Felsenthal and Machover, 2008））。

　マジョリティ・ジャッジメントは、長い投票の歴史の中で見るとつい最近提案された方法であるにもかかわらず、実際の大統領選挙でのフィールド実験やラボ実験を通してデータが積極的に集められて、その分析が進んでいます。それと並行して、実際の公共的な決定についても実用が少しずつ進んでいます。

　2021 年 9 月のパリ市民参加型予算の投票では、公式にマジョリティ・ジャッジメントが用いられました。パリ市では 2014 年以降、市民の意見を直接予算に反映させる工夫の一つとして市民参加型予算の制度を導入しています。これは市民が提案した地域密着型のプロジェクトに直接投票によって予算をつける制度で、代議員による間接的な集団的意思決定ではなく、個人の意見を直接社会決定に反映させることで間接民主主義の短所を補おうとする試みです。例えば、地域の公園において遊具や植物の配置を改善したり、セーヌ川に注ぐ運河において清掃船が入れない場所のゴミを自動収集する装置を設置するなどの事業が実際に採用されています。

　2021 年の投票では 217 のプロジェクトが提案され、そのうち 62 が採用されました。しかし、実際にすべてのプロジェクトに目を通して市民が評価を与えるには多くの手間がかかります。しかも個々の事業はすべての市民の生活に関わるものではなく、影響を受ける人々は一部に限られます。このように、たくさんの、しかも局地的なプロジェクトの中から順位をつける場合、平均点を用いることで生じる戦略的投票は特に問

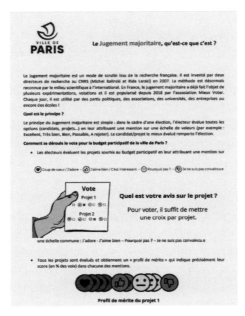

図表4-15　パリ市民参加型予算の投票で使われたマジョリティ・ジャッジメントの説明冊子
出所：パリ市役所ウェブサイト

題になります。一部の誇張された意見が過度に反映されてしまう恐れがあるからです。

　ここに、マジョリティ・ジャッジメントが威力を発揮する状況がよく表れています。数多くの地域的なプロジェクトの中から本当に「社会にとって必要な」ものを選ぶ場合には、マジョリティ・ジャッジメントは優れていると言えるのです。なぜなら、各投票者は山のようなプロジェクトのすべてに目を通してランク付けをする必要はなく、自分に強く関わるものにだけ意見を表明すれば良いからです。しかも意見を誇張することで最終評価を変化させられないので、戦略的投票にも耐えやすいという性質を持っています。2022年のパリ市民参加型予算の投票においても、引き続きマジョリティ・ジャッジメントが使用されています。

制度設計におけるゲーム理論の役割

　このような具体的な制度設計において重要なのは、どのルールがどのような性質をもち、どのような結果が導かれる傾向にあるかということを客観的に記述することです。このとき、投票制度の性質をゲーム理論を用いた数学的な手法を用いて表現できることが役に立ちます。最適戦略の性質を数学的な定理などを用いて表現することで、例えば「平均点による集約は戦略的誇張に弱く、中央値による集約は強い」という一般的な性質を客観的に明示することができます。

　以上で述べた平均値と中央値の比較は、数学的議論としては比較的単純なものです。しかし、数学的な表現を用いて議論を進めることの利点は、これだけではありません。むしろ、より複雑な制度の分析において威力がより鮮明になると言えます。例えば、トリム平均ではどの程度のトリムを行うべきか、重み付き平均を使うとすれば重みをどのような基準で特定するべきか、といった問題は文学的な表現だけを用いて議論することが難しいものです。背後にある複雑な構造について正確に描写するためには、数学の道具を使って初めて伝達できる内容があります。精密で客観的な数学的表現を用いることによって、感情やイデオロギーに支配された水掛け論を最大限に排除して、建設的な議論に役立てられると期待できるでしょう。

　もちろん、それだけで話が終わりではないことには注意が必要です。理論によって導かれた結論が本当に人間の行動に合致しているのか確認しなければなりません。人間は自然に多種のバイアスを持つものですから、実際の投票が最適戦略によって描写される行動から乖離する場合はあるのは当然です。フィールド実験やラボ実験のデータを通して乖離のパターンを理解することで、理論による分析を精緻化する必要があるのは言うまでもありません。

自然言語を用いる意味

　マジョリティ・ジャッジメントにおいても、数学的に表現できる部分と実際の人間行動の関係性を重視しています。発案者のバランスキー氏とララキ氏が強調するのが、自然言語を用いることの重要性です。

　数学的に見ると、グレードは数値で表された点数、例えば5，4，3，2，1，0点を用いても同じことです。しかし、マジョリティ・ジャッジメントの発案者たちは上記のように「優秀」「とても良い」「良い」「容認できる」「不十分」「却下」などの自然言語で書かれたグレードを用いることが本質的に重要だと主張します。

　例えば、「この候補に0点〜5点で点数をつけてください」と言われたとき、「3点」の持つ意味は人によって異なるかもしれません。抽象的な点数の持つ意味が個人によって異なるのならば、その中央値を取ることの意義には疑問符がつきます。また実際に数学的には同値であるような点数でも、そこに付与される意味によって人間の投票行動が変わりうるのは、よく知られた事実です。前節の評価投票の例でも、「0，1，2点」を入れてもらうルールと「−1，0，1点」のルールでは結果は大きく異なりました。

　この問題を克服する一つの方法は、点数に可能な限り共通の意味を持たせることです（もう一つの方法は、統計学的な手法です。心理学や行動経済学においては、個人の選好や特性を数値化するとき、複数の質問に1から10などの指標を用いて答えてもらうことが多いです。この場合は、たくさんの質問をしてそれらの回答の重み付き平均値を取るなどして、主観の個人差に由来する恣意性を減らす工夫がされています）。

　例えば日本では100点満点で点数をつけることが多いですが、「この候補は80点です」といった評価が高いのか低いのかは人によって異なるかもしれません。また点数が意味する評価は、状況にもよることが多いです。ある政治家が80点なのか、フィギュアスケートの演技の点数

が80点なのか、文脈によって80という整数の持つ意味は変わりえます。抽象的な数値を用いると、それぞれの個人や状況における主観的な恣意性によって点数の集約結果が左右されてしまう恐れがあります。

　一方、承認投票における「承認・不承認」やマジョリティ・ジャッジメントのグレードのように自然言語がもつ意味が絶対的評価に直結している場合には、異なる個人の間でも主観的解釈による弊害を減少させられるでしょう。この事実は、以下のような不可能性定理として数学的に正確に記述し証明することができるのです。

定理（Balinski and Laraki（2010）定理11.6a） 弱社会評点関数が選好整合的であるのは、独裁的関数に限られる。

　専門用語をかみ砕いてみましょう。社会評点関数（social grading function）とは、投票者たちがグレードによって定義された言語を用いて各候補者に与えた評点の集合を集約して各候補に1つの最終的なグレードを定める関数のことです。弱というのは、匿名性（anonymity、投票者を入れ替えても結果が変わらない）を満たさないという意味です。選好整合的（preference-consistent）というのは、各投票者がグレードを任意の単調関数で変換しても、社会評点関数によって得られる最終的なグレードの優劣関係は変わらないことです。独裁的（dictatorial）というのは、ある特定の投票者が存在してその人のグレードが常に最終的なグレードと一致することを意味します。

　いくつかの「望ましい」性質を要請すると独裁的なルールに限られてしまう、というのは上述したアローの不可能性定理と同じ構造です。

　この定理の意味は次のように解釈できます。つまり、共通言語を無視して個々の投票者が自分勝手な尺度を用いてグレードをつけることが許されている場合、それによって社会的な最終グレードに反映される優劣関係を保ちたければ、独裁的なルールを使うしかありません。この定理が示すのは、選好整合的という条件はあまりにも制限が強いということ

です。独裁的ルールを避けたいのであれば、投票者たちが何らかの絶対的な評価基準を共有していることが必須である、ということがこの定理によって示唆されるのです。

　文脈が入ることで主観的解釈による恣意性が減っていく様子は、回数を重ねるごとに意味が付与されて点数基準が共有されていくような場合にも観察されます。その様子を、筆者が大ファンで毎年楽しみにしている漫才コンテスト「M-1グランプリ」の採点を例に見てみましょう。2001年の第1回大会において審査員が入れた最低点は50点でした。審査員ごとの最低点のうち一番高かったのは75点で、また最高点も75〜95点と審査員による差が大きいものでした。2021年大会では最低点は87〜89点、最高点は94〜98点の間に収まっていて、だんだんと点数の持つ意味が共有されている様子がわかります。「90点」の持つ意味が第1回と近年では大きく異なるのも、ファンからすると興味深いところです。大会が大きくなり多くの参加者の人生を左右するようになって、より「公平な」ジャッジが求められているという事情も背後にあるのでしょう。

　具体的な文脈が導入され言語の持つ意味が共有されるほど、集約された点数が投票者たちの意図のどの部分を反映したものであるかをより正確に解釈できると言えます。

重み付き集計で工夫をする

　上記の銀行間取引金利の例では、SOFR（担保付翌日物調達金利）において取引規模で**重み付け**をした中央値が使われていることに触れました。中央値をとることで戦略的投票の誘因を減らし、不正操作のために廃止されたLIBOR（ロンドン銀行間取引金利）の後継となることが期待されているのでした。

　平均値を取る場合でも中央値を使う場合でも、異なる集団から提示さ

れた値を集約する際に、単純な集計値を使うのか、それとも重みを付け
た集計値を使うのかという問題が生じます。上記の例では、複数の銀行
が提示する金利をどれも同等に扱い中央値を取ってしまうと取引規模の
大小が反映されません。したがって、ここでは重みを付けた集計をする
ことで実情に即した指標を作ることが目指されています。

　重み付き集計は、集団的意思決定においてよく使われます。中でも採
決、すなわち賛成または反対の票決に用いることが多いです。賛成する
票数が一定数を超えた場合には提案を通し、そうでなければ棄却しま
す。重みを付けることによって、異なる集団の意見を最終決定に反映さ
せる度合いを調整することができます。このとき、賛成に票を投じる集
団全体が持っている票数が採択のしきい値より大きいかどうかによって
勝利提携の構造が定まるので、これは**協力ゲーム理論**の研究対象になり
ます。

　ここで難しいのは、どのように重みを付けるのかという問題です。そ
の難しさを端的に示す好例として、ローマ条約について見てみましょ
う。

本当の投票価値とは

　現在 27 カ国が参加している欧州連合（EU）の前身は欧州共同体
（EC）であり、さらにその前身の一つは欧州経済共同体（EEC）でした。
EEC は 1958 年に発効したローマ条約によって設立され、その構成国と
して、当時の人口順に西ドイツ、イタリア、フランス、オランダ、ベル
ギー、ルクセンブルクが加盟しました。

　共同体において、委員会で起草された法令の採決は、各国代表者の投
票によって行われました。これら 6 カ国における利害関係には、共通す
る部分もあれば対立する部分もありました。したがって、どのように採
決のルールを用いるかというのは、共同体において決定を行う際に重要

な意味を持ちました。

　6カ国には大きな人口差がありました。そのため、問題が難しく（また それによって話が興味深く）なりました。西ドイツ、イタリア、フラ ンスの当時の人口は、順に約5400万、4900万、4400万、オランダと ベルギーは約1100万、900万、ルクセンブルクは約30万でした。大き く分けると、「ビッグ3」「ミディアム2」「スモール1」に分かれていた と言っていいでしょう。このような大きな人口差のもとでは、どのよう な採決ルールを使うのが望ましいでしょうか。

　西ドイツの人口はルクセンブルクの約176倍もあり、一国一票の制度 にすれば西ドイツ市民にとって非常に不利なルールになるのは明らかで す。だからと言って、各国の市民に平等になるように人口に比例した比 重をつけた場合、ルクセンブルクの1票に対して西ドイツは176票も持 つことになり、これではルクセンブルクの意見はほとんど反映されませ ん。小国とはいえ、ルクセンブルクの意見を尊重するためには、傾斜の ある重みを付ける必要があります。

　そこで、ローマ条約の草案者たちは知恵を絞りました。小国には十分 な票を与えつつ、大国の人口の多さも反映したい。結局、ローマ条約 148条によって西ドイツ、イタリア、フランスの三国に4票、オランダ とベルギーの二国には2票、ルクセンブルクには1票を与える、と規定 されました。合計は17票で、法令が採択されるには12票の賛成が必要 と決められました（委員会以外からの議案では、さらに最低4カ国から の賛成が必要とされました）。

　このルールでは、西ドイツはルクセンブルクの4倍の票を持っていま す。したがって、一市民あたりで見ると、ルクセンブルクの票数は西ド イツの44倍（176÷4）もあり、ルクセンブルクの市民にとって非常に 有利なルールに見えます。オランダと比べても、人口が約36倍で票数 が2倍なので、一市民あたりではルクセンブルクが18倍（36÷2）も 多いです。このような配分は、ルクセンブルクにとってかなり有利な配 分であり、「少数派重視」の原則を尊重しているように見えます。

　しかし、話はそこまで単純ではありません。一市民あたり 44 倍の票数を持っているルクセンブルクの意見は、西ドイツ市民の意見よりも 44 倍強く反映されるのでしょうか。

　答えは、数学的に導き出すことができます。割り当てられた 17 票のうち、12 票が賛成であれば法令は採択されるのでした。ルクセンブルクが投じるのは 1 票です。他の国の賛成票の合計が 12 票以上であれば、ルクセンブルクの意見に関わらず法令は通るし、10 票以下であれば通りません。したがって、ルクセンブルクの意見が反映されるのは、他国の賛成票の合計がちょうど 11 票になったときで、そのときに限ります。しかし、「ビッグ 3」の票数は各 4 票、「ミディアム 2」の票数は各 2 票。いずれも偶数です。偶数はいくつ足しても奇数にならないので、合計がちょうど 11 票になることは絶対にありません。

　したがって、**たとえ一市民あたりの票数が 44 倍であっても、ルクセンブルクの意見が採決に反映される可能性は数学的にゼロ**なのです。その事実にどれだけのルクセンブルク市民が気づいていたのか手元に資料がなく分かりませんが、驚くべきことに 1973 年にデンマーク、アイルランド、英国が加盟して新しいルールが作られるまで、このルールは 15 年も効力を持ち続けました。

何をもって公平とするか

　この例は、いくつか興味深い点を示唆しています。まず第一に、いかに政治家は数学ができないか、ということ。というのは冗談で、社会における意思決定のルールを決めるのは難しいということ。社会が複数の集団で構成されているとき、公平なルールを使いたいと思うのは当然のことです。しかし、悩ましいことに、何をもって「公平」とするかは単純な問題ではありません。

　次に、実際の影響力の配分は直感に反することもある、ということ。

ローマ条約の草案者が、ルクセンブルクに恨みをもって故意に不利な
ルールを作ったとは考えにくいです。おそらく、逆に少数派を優遇する
意図があったのでしょう。6カ国の場合でさえ、単純な票数の差はその
まま投票の影響力の差に反映されませんでした。現在の27カ国による
欧州議会の配分では、投票の影響力の計算はもっと複雑になります。よ
り「公平」な議席配分のため、筆者の一人を含めた多くの研究者がゲー
ム理論の道具などを用いて議論を進めていますが（例えば、2011年には
欧州各国の研究者と欧州議会議員がケンブリッジ大学に集まり、比例配
分の係数が漸減する「ケンブリッジの妥協」と呼ばれる提案を発表しま
した。ブレグジットによる議席数再配分においてはその提案が一部反映
されています）、それでも全員が納得するルールを作るのは容易ではあり
ません。

　最後に、数学的な議論は役に立つかもしれない、ということ。コレク
ティブ・デシジョン・メイキング（**CDM**）における公平性や平等性につ
いて、多くの研究者や政策立案者が意見を交わしています。その際、主
義主張を正確に伝えることは往々にして難しく、文学的な表現のみに
頼った場合、イデオロギーや感情論に左右されるような無為な議論に終
始してしまうこともありえます。曖昧な表現を避け、数学的な論理や記
述を使うことで、誤解の恐れを最小化して有意義な議論が促されると期
待できるのです。

小国の意見を尊重する

　ヨーロッパでは、このような小国の意見を尊重する「一票の格差」が
問題とされることはまずありません。それはなぜか考えてみましょう。
　2022年現在のEUでも、人口が最多のドイツと最少のマルタでは約
168倍の差がありますが、欧州議会の議席数配分は96対6と16倍しか
なく、一市民あたりの議席数はマルタが10倍以上（168÷16）も多い

です。連邦国家であるドイツの上院（Bundesrat、日本の参議院に相当）における議席配分を見ても、人口最少の州の一市民に割り当てられた議席数は最大の州に比べて約 13.3 倍多くなっています。日本の 2022 年参議院選挙における最大の一票の格差が 3.03 倍（神奈川県と福井県）であったのと比べると、大きな差だと言えます。なお、2021 年の衆議院総選挙では最大の格差は 2.08 倍（東京都第 13 区と鳥取県第 1 区）でした。

　その理由の一つに、歴史的な背景が挙げられるでしょう。二度の世界大戦の後、同様の過ちを繰り返さない社会を作り上げていくことが戦後ヨーロッパの重要な課題でした。大国間の利害対立によって小国が蹂躙されてきた歴史を経て、「いかにして大国に力を与えすぎないか」という視点が重要であることを、欧州の市民は身にしみて知っているようです。単純に「平等な」配分（例えば比例ルール）にするよりも、少数派を重視するルールを使うことがより社会的に「公平な」結果に結びつくということが、経験則として社会に受け入れられているように見えます。これは、政策論議や大学の部門間における交渉などの日常生活レベルでも感じられることです。歴史を通して、ある特定の団体に力を与えすぎることの危険性を社会で共有する機会が多かったことが理由の一つと考えられます。

　では、小国の意見を尊重するという原則に理論的根拠（rationale）を与えることができるでしょうか。

　経済学が分析対象とする多くの場面では、限界効用逓減の法則が成り立つことが知られています。この概念は、ある財から得られる効用は、消費した量が多くなるにつれて少なくなっていく、という選好を表すときに用いられます。1 個目のリンゴは美味しいと感じるかもしれませんが、それに比べると 100 個食べたあとの 101 個目のリンゴはそこまで美味しくない、というのが典型的な例です。採決から得られる効用にも、この法則が成り立つと仮定してみるとどうでしょう。

　市民が賛成している法案が通る、あるいは反対している法案が否決される場合を、その市民にとっての「成功」、逆の場合を「失敗」と呼ぶこ

とにします。まずは人口に比例して議席を配分したとします。人口が多い国では、市民の意見が最終決定に反映される確率が高くなります。したがって、成功数の期待値も大きくなります。このとき、もし限界効用逓減の法則が成り立つならば、すでに多くの成功を経験している大国の市民にとって、次の成功から得られる効用は小さくなります。したがって、社会効用の総和を最大化したいのであれば、大国よりも小国に多めの票数を配分したほうが良いことになります。ここから、票数配分は小国を優遇する「逆進的配分」が最適だという結果が導かれます。

　この考え方は、数学的なモデルと言語を用いて定式化することができました（手前味噌ですみませんが、Koriyama et al., 2013）。協力ゲーム理論で用いられる単純ゲームという概念を確率的な決定も含めたものに拡張し、逆進的配分が最適解になることを定理で示しています。

少数派尊重の原則を数学的に示す

　集団的意思決定において異なる意見を民主的に集約する必要があるとき、一般的に多数決がよく用いられます。しかし、多数決においては、その原理上、少数派は多数派に従うことになります。これにより少数派の意見が抑圧されて社会の成員の自由が侵害されるとき、これを「**多数派の専制（tyranny of the majority）**」と言うことをまえがきでも触れました。

　単純多数決に問題が多いことはすでに前節でも述べましたが、多数派の専制を避けて少数派尊重の原則を実現するための一つの手段としては、単純多数決ではなくて逆進的配分を用いることが有効であると、上記のモデルからわかります。

　社会で意思決定をするときに、少数派が多数派の決定に従うことは強制されるのでしょうか。もしそうであるならば、その強制力を正当化することはできるのでしょうか。多数派の専制により少数派の権利が剝奪

されることを避けるにはどうすればよいでしょうか。これらの問題は、民主的意思決定の根幹に関わるものです。多くの歴史上の思想家たちが思索を重ね、理論を組み立ててきました。ルソーの『社会契約論』、ベンサムの功利主義、トクヴィルの『アメリカのデモクラシー』などはその例です。

　ここで改めて、これらの重要な問題に対して数学的言語を用いて議論を進めることの意味を考えてみましょう。上記のように、限界効用逓減の法則が成り立つ場面において、社会効用の総和の最大化を行えば、大国と小国の間で限界効用が等しくなければなりません。もし等しくないのであれば、最後に配分されたリンゴ（市民にとっての「成功」）によって得られた効用の増加分がより小さかった国の市民から、それがより大きい国の市民にリンゴを渡すことで（そのように票数配分を変更することで）、効用の総和をより大きくできるからです。したがって、限界効用を等しくするためには、比例よりも多めに小国に票数を配分する逆進的配分が最適解になります。

　もし、前の段落を読んでややこしい！　と感じた人がいたら、それはあなたのせいではありません。ここでは数学的言語を用いれば比較的簡単に伝えることができる内容を、あえて通常の（専門用語を使ってはいるが）日本語で表現しているからです。もっと数学的な記述を使えば、この内容をさらに容易に伝えることができます。限界効用の逓減は効用関数の 2 次微分係数が負であることですし、社会効用の最大化における限界効用の一致は単純な一階の条件で表せます。逆進性を論理的に示すのが一番難しい点ですが、これも定理として定式化することで証明を与えることができます。理論的な分析を用いることの一番の利点は、数学的な表現を使わなければ伝達することが難しい内容について、疑いの余地がない共通言語を活用して客観的な証明を与えることができることです。

コレクティブ・デシジョン・メイキング（CDM）

集団的意思決定を理論的に分析する分野が、ミクロ経済学においてコレクティブ・デシジョン・メイキング（**集団的意思決定**、collective decision making、**CDM**）と呼ばれることは何度も触れました。上記で見たように、複数の人々からなる社会において集団的な意思決定をするときに、どのような集約ルールがどんな性質を持つのかを主にゲーム理論を用いて分析します。

コレクティブ・デシジョン・メイキングの第一歩は、異なる意見や嗜好をもった人々がたくさん集まって何かの決定をするとき、そもそもそれは難しいことだ、と正しく認識することです。誰もが納得する決め方は、残念ながら見つけにくい場合もあります。それでも、難しさを認識した上で妥協点を見出していくしかありません。そう理解しつつ、できるだけ感情を排して理性的で建設的な議論をすることで、無駄な対立を避けられるかもしれません。

このとき、ナッシュ均衡の概念を用いた**非協力ゲーム理論**と、勝利提携の概念を用いた**協力ゲーム理論**の両方が役に立つ場面が多いです。以上の例を通して、理論を上手に用いることの利点を感じていただければ幸いです。

4

人のココロにひびく施策

　医学においても経済学においても、効果的な施策は人のココロを動か
すものでなければなりません。いくら施策が理想的な社会の実現を目指
したものであっても、それによって人の行動が変わらなければ意図した
結果は得られません。また行動が変わったとしても、その変化の向きや
大きさが施策の想定に沿っていなければ、望ましい効果は期待できませ
ん。

　では、人のココロを動かす施策とは何でしょうか。以下では、そのヒ
ントを見つける強力な道具として、ゲーム理論の知識が役立つ例を見て
みましょう。

囚人のジレンマ

　ゲーム理論の用語の中でも、「囚人のジレンマ」は最も有名な概念の
一つです。この用語は、個人の利得の最大化と社会的な利得の最大化の
間に板挟みの構造が存在する状況を指します。まずは、社会が囚人のジ
レンマに直面した場合に、どのような施策が可能か、ゲーム理論が示唆
する内容を見てみましょう。

**　社会を構成する個人がそれぞれ利得の最大化を目指して最適な行動を**

するにもかかわらず、**社会全体としては最適な結果が得られなくなってしまう、という状況が起こるとき、これを囚人のジレンマと呼びます。**経済学の用語を使うと、「各プレイヤーが支配戦略を使うようなナッシュ均衡が、パレート支配されてしまう」ことを指します。個人レベルでは、それぞれのプレイヤーにとって明らかに最適な戦略（支配戦略＝他のプレイヤーの戦略によらず常に最適な戦略）があってそれを使うことが均衡になるにもかかわらず、すべてのプレイヤーが一斉に別の行動をすることで全員が得をする（これをパレート改善という）ような可能性がある、したがって均衡では社会的に最適な状況は得られていない、という状況です。

　このとき、「全員が得をするような戦略をみんなで取りましょう」と声をかけてもその実現は期待できません。なぜなら、その状況で支配戦略と異なる戦略を取るように声をかけられたプレイヤーは、その指示に従わずに支配戦略を使うことでより高い利得を得られるからです。したがって、せっかくパレート改善の機会があっても、それは均衡になりません。

　ではこのような残念な状況に陥ったとき、パレート改善を実現するために何ができるでしょうか。ゲーム理論は、いくつかの対策を提供しています。

　おそらく一番単純な解決法は、みんなで協力的な行動を取るという契約を結ぶことです。もし契約が破られた場合には、ペナルティが科されることとします。こうしておけば、もとの支配戦略を使うと損をするので、協力的な行動が均衡になります。ただし、この実現のためには契約書を実際に書くことができる（コミュニケーションが可能）、契約が履行されなかった場合に罰則を科すことが物理的に可能（何らかの強制力をもった機関が存在する）、このような契約自体が違法ではない（例えば不当な価格協定は多くの国で独占禁止法に違反します）などの条件を満たす必要があります。このような手段を用いて一定の行動を約束することを、**コミットメント**と言います。要約すると、囚人のジレンマはコ

ミットメントの手段が入手可能であれば回避することができるのです。

　次に、協調を促すためには長期的な関係が効果的であることが知られています。

　一回きりのゲームにおいて協力的な行動を取るインセンティブをもたないプレイヤーも、長期的にゲームを何度も繰り返して行う場合には、協力的な行動が最適になることがあるのです。例えば、「他のプレイヤーが協力的な行動を取る限り、自分も協力をする。一度でも誰かが裏切ったら、それ以降ずっと利己的な行動を取り続ける」という長期戦略を全員が取る場合を考えましょう。このとき、一回のゲームで利己的な行動をして多少の利得を増やしたとしても、その後他のプレイヤーは非協力的になるため、自分も非協力的になる以外に最適戦略はなく、以降ずっと（全員が協力的な状況よりも）低い利得を得つづけることになります。したがって、協力的な行動によって一回での利得は（裏切りによって得られるほど）最大化されなくても、長期的には協力的な状況から来る高い利得を得つづけることができるので、協力が最適戦略となります。ゲーム理論の言葉を用いると、繰り返しゲームにおいては協力的行動が完全部分ゲーム均衡になる（ことがある）のです。

　この状況を筆者が文字通り身をもって実感したのは、学生時代に初めて留学したパリでの出来事です。たまたま乗ったメトロで、筆者はある年配のご婦人に思いっきり足を踏まれました。日本において当然もっていた感覚で、「すみません」「いえ、いいですよ」という会話が起こるものと想像していたら、逆に「アンタが邪魔するからよ」的な（当時のフランス語能力からの類推によると）罵声を浴びせられ、非常に驚きました。このとき、攻撃的に文句を言い返すのが一回きりの「ゲーム」としては最適戦略かもしれません（フランス語能力の欠如のため実現できませんでした）。

　しかし、これが同じ時間に乗る通勤電車で毎朝顔を合わせるご婦人だったとしたら、攻撃的になるのが最適とは断言できないでしょう。喧嘩をして毎朝嫌な思いをするぐらいなら、多少の我慢（一度きりのゲー

ムでは最適ではないかもしれない）は必要だが寛容な態度を取ってお互いに親切にする方が、長期的には利得が高いかもしれません。このように、**長期的な関係があると協力的な行動が最適となって囚人のジレンマが回避される場合があります**。この状況は、「繰り返しゲームにおいて協調的な行動が部分ゲーム完全均衡になる」という命題を用いて定式化できます。

　車のハンドルを持つと性格が急変して攻撃的になる人の場合にも、似た構造があります。もう一度同じ車に出会う確率が非常に低い路上においては、長期的な関係がないために協力的な行動が最適ではなく、囚人のジレンマが回避されにくくなります。逆に、職場の駐車場で同僚を相手に同じくらい攻撃的に運転する人は少ないでしょう（パリですらそうです）。

　それに関連して面白い例は、世界中の多くの都市におけるタクシーのサービスです。皆さんも、土地勘がない国の観光地に行って、遠回りをされたり法外な値段をふっかけられたりした経験はないでしょうか。一度きりの観光客には今後会うことがないから、運転手にとっては「ぼったくり」が最適戦略です。客もそれを知っているから、運転手には警戒をします。ここでも長期的関係の欠如が協力行動を妨げています。

　しかし、Uber のような配車サービスが現れて、リアルタイムの位置情報可視化技術に加えてレーティングのシステムによって多くの旅客の体験情報をシェアできることになりました。これによって運転手と旅客の間に長期的な関係性が生まれ、友好的な行動が促進されました。少なくともパリにおいては、Uber の出現によって配車サービスの質は明らかに向上し、競争関係にあるタクシー運転手の態度も大きく改善されました。このように、長期的な関係が技術的な要因によって生み出され協調行動を促す様子も、繰り返しゲームにおける部分ゲーム完全均衡によって説明することができるのが面白いところです。

　コミットメントや長期的な関係は、個人に協力行動へのインセンティブを与えます。これらは、広い意味で協調装置として共通の役割を持っ

ているのです。ゲーム理論を用いれば、囚人のジレンマの解決に役立つ協調装置に共通の構造を取り出して、解決策を見出す役に立つことを期待できます。

　人のココロを動かし協力を促す施策とは何でしょうか。ゲーム理論によって定式化された条件を調べれば、施策がコミットメントや長期的な関係を通して協調装置の役割を果たすためのヒントを得ることができるかもしれません。

勝者総取りのジレンマ

　さらに囚人のジレンマがコレクティブ・デシジョン・メイキング（CDM）に如実に現れている例を詳しく見るために、アメリカ大統領選挙について考えてみましょう。

　アメリカ大統領選挙では、選挙人団制度が用いられています。各州には、上院議員（各州 2 人）と下院議員（原則として人口に比例）の合計に等しい数の選挙人が割り当てられ、選挙人が誰に投票するかは各州が定める、と合衆国憲法に明記されています（第二条第一節）。一番大きな州はカリフォルニアで 54 票、一番小さな州はアラスカ、バーモント、ワイオミングなど 7 州で、それぞれ 3 票を持っています（2020 年の人口調査をもとに更新されました）。

　建国初期には、州議会による選定、選挙区ごとの投票、二回戦制やそれらの組み合わせなど様々な方法で選挙人が選ばれました。しかし 1830 年代以降、ほぼすべての州において**勝者総取りルール**（winner-take-all rule, WTA）が使われています。これは、州内投票の勝者にすべての選挙人の票を配分するという制度です。

　しかし、WTA には問題が多いことが指摘されています。一番の問題は、意見の集約に歪みが生まれることです。州内の投票結果が 51％対 49％であっても 80％対 20％であっても、すべての票が勝者に配分され

ます。したがって、州内の勝者がどの程度強い支持を受けているのか、という重要な情報が失われてしまいます。評価投票において、極限まで意見を誇張することで、意見集約に歪みが生まれた様子と似ています。

　その結果、選挙人団における勝者と全国の投票結果による勝者が異なる、という逆転現象が起こりえます。記憶に新しいところでは、2016 年には全国での投票ではヒラリー・クリントン氏が約 287 万票多く獲得したのですが、勝利したのは 306 対 232 でドナルド・トランプ氏でした（選挙人団の制度に反したいわゆる「不誠実な選挙人」については、選挙人団の制度が定める通りに投票したものとして数えます）。2000 年にも、全国ではアル・ゴア氏が約 54 万票多く獲得しましたが、271 対 267 の僅差で勝者はジョージ・ブッシュ氏でした。2020 年には勝者逆転は起こりませんでしたが、全国では 8127 万票対 7422 万票という結果（差は全体の 4.4%）が 306 票対 232 票という大差（全体の 13.8%）となって現れました。不正疑惑騒動が起こり、選挙人投票承認の際の議事堂襲撃事件では 5 人もの死者が出ました。

　このような問題にもかかわらず、なぜ WTA 制度が 180 年以上も支配的に使われ続けるのでしょうか。実は 2004 年コロラド州、2013 年ペンシルバニア州、ミシガン州などで WTA から他の方法への変更が提案されましたが、いずれも実現しませんでした。

　その理由の説明に、ゲーム理論を使った分析を用いることができます。

　憲法で規定されている通り各州が制度を決めるので、各州をプレイヤーとした非協力ゲームを考えます。純粋戦略は、州内の投票結果をいかに選挙人票の配分に反映させるかという関数として表せます。各州の目的は、その州の市民が望む候補者が最終的に選ばれる確率をできるだけ高くすることだとしましょう。すると、その確率をそのまま利得関数とみなすことができます。これによって、非協力ゲームを定義する三要素（プレイヤー、戦略、利得）が定まります。

　このゲームでは、WTA が支配戦略であると示すことができます。理

由は単純で、州は市民の意見を最大限に反映させるためには多数派にすべての票を「全張り」するのが最適戦略となるからです。もしあなたがカリフォルニア州の知事だったとして、州市民の意見をできる限り強く最終結果に取り入れさせたいと思ったとしましょう。このとき、多数派が51％だろうと80％だろうとその意見の影響を最大化するべきです。したがって、多数派にすべての票を配分するWTAが支配戦略となります。結果として、唯一のナッシュ均衡ではすべての州がWTAを使うことになります。

　しかし、この均衡は比例配分ルール（の拡張）にパレート支配されることを数学的に証明できるのです（こちらも手前味噌で恐縮ですが、Kikuchi and Koriyama, 2022）。直感的には、上記したWTAによる意見集約の歪みが原因です。WTAでは勝者がどれだけ強く支持されているかという情報が失われてしまいます。一方、例えば比例配分ルールのように、もしも歪みがない集約ルールを**すべての州が同時に**使ったとすれば、それぞれの州で各候補がどれだけ強く支持されているのかという重要な情報が意見集約に生かされるために、すべての市民の意見がより正確に反映されます。これがパレート改善につながるのです。

　ところが、そのような状況は均衡になりません。すべての州が、他の州を出し抜いてWTAを用いることで得をするからです。典型的な囚人のジレンマの状況です。すべての州が「協力的に」比例配分ルールを用いれば社会全体にとって望ましい意見集約が行われるのに、各州がそれぞれの利得最大化を合理的に追求することで、社会的な利得改善の機会が失われるのです。

協力行動を促す協調装置

　では、どうすれば協力的な行動を促すことができるでしょうか。
　明らかに、アメリカ各州の間には長期的な関係性があります。にもか

かわらず、ここでは協力的な行動が長期的均衡として実現されません。なぜでしょうか。

　一言で答えると、非協力的な行動（ここでは WTA 戦略）をずっと取り続けることも、長期的均衡になるからです。一般的に繰り返しゲームの部分ゲーム完全均衡は複数あって、協力的な行動も非協力的な行動もいずれも均衡になります。複数のナッシュ均衡があるとき、どの均衡が実現されるかという問題は奥が深く、理論的には多くの精緻化概念が提案されているほか、歴史的な経緯や慣習、規範、文化、といった要素が重要であることが知られています（松井、2002）。

　非協力的な行動による「悪い均衡」から、協力的な「良い均衡」への移行によってすべてのプレイヤーが得をするとわかっていても、一般的にそれを実現するのは容易ではありません。なぜなら、仮に一部のプレイヤーが協力的な行動に移行する意思を持ったとしても、他のプレイヤーが非協力的であり続けたとしたら、移行するプレイヤーは割を食ってしまい利得が下がる恐れがあるからです。そうなると、誰も「最初の一歩」を踏み出すインセンティブをもちません。

　このような場合、**良い均衡への移行が同時に起こるような協調装置が必要**です。

　2022年現在アメリカで進行中の面白い試みがあります。全国一般投票州間協定（National Popular Vote Interstate Compact, NPVIC）です。これによると、協定に参加した州は選挙人の票を全国の投票結果の勝者にすべて配分します。この協定の良くできているところは、「批准した州すべての票数が選挙人団の総票数（538）の過半数（270）に達したときに初めて発効する」という規定です。このおかげで、批准した州の票数合計が270に達するまでは何も起こりません。したがって、最初の一歩を踏み出した州は割を食うことなく、この協定を批准することができるのです。そして票数合計が過半数に達した瞬間に、全国投票の結果による意思決定にすべての州が**同時**に移行することになります。この同時という点がキモです。アメリカ選挙人団の最新の数値を用いた筆者らの試算

によると、この移行はたしかにパレート改善（すべての州が得をする）
になっています。この協定が、囚人のジレンマから脱却するための協調
装置になっているのです。

　本書執筆の時点で、NPVIC はカリフォルニア、ニューヨーク、イリ
ノイなどの 16 州ですでに批准され、195 票に相当する支持を集めていま
す。他にもミシガン州、ペンシルバニア州などにおいて議論が続いてお
り、今後の動きが注目されます。

　社会が囚人のジレンマに陥ってパレート改善の機会が実現されないと
き、どのような制度を用いれば、各プレイヤーのココロに響き望ましい
行動を促すことができるでしょうか。上記の例に共通するのは、制度に
よって適切なインセンティブを生み出す必要があるということです。

インセンティブを正しく理解する

　施策が望ましい効果を得るためには人々のインセンティブを正しく理
解しなければならないことを如実に示す、興味深い例を見てみましょ
う。

　多くの国で、教育が社会的分断に与える影響が問題になっています
（Jenkins et al., 2008）。残念ながら、高度な教育を受けるためには多く
の費用がかかってしまうのが現状です。もしも高等教育を受ける機会が
裕福な家庭に偏って与えられ、低所得の家庭には機会すら与えられない
とすれば、社会的に大きな問題です。日本でも、全世帯平均収入 552 万
円（2019 年）に対し、大学生をもつ家庭の平均収入は 835 万円（2020
年）でした。OECD 加盟国を対象にした研究によると、分断傾向は
2000 年以降減少していないことが示されています（Gutiérrez et al.,
2020）。

　機会の平等性と学生の多様性を確保するために、様々な施策が行われ
ています。アメリカをはじめ多くの国における大学では、性別、人種、

社会経済的地位に関する多様性を重要視する旨が入学要項に明記されています。積極的格差是正措置（affirmative action）では割当（クオータ）を用いて一定の人数を特定の社会経済的グループから採用する場合が多いです。中でも、「トップ n」ルールは、ランクの高い大学が学生全体のトップ n%にではなく、各高校のトップ n%に入学許可を出すという制度です。上位高校からだけではなく、まんべんなく広い範囲の高校から入学させることによって、学生の多様性と機会の平等性を確保することを目指します。アメリカではカリフォルニア、テキサス、フロリダの各州、またオーストラリアなどでも採用されています。

　一見したところ、この制度によって入学機会はより広い範囲の高校生に与えられ、学生の多様性は上昇しそうです。しかし、人々のインセンティブを正しく理解しないと、施策によって意図された効果が生まれない場合があります。

　トップ n 制度においては「中和効果」が起きてしまいました（Cullen et al., 2013）。進学校においてトップ大学合格への瀬戸際にいる学生は、卒業直前になってよりランクの低い高校に転校することによってトップ n 枠を確保することができます。高校生とその親が戦略的に転校してしまうと、結局はランクが高い高校からの生徒がトップ大学に進学してしまって、機会の拡大と多様性の向上は実現されません。この効果はゲーム理論を用いて「中和定理（neutrality theorem）」として数学的に記述できます（Esteban et al., 2018）。高校生とその親の戦略的なインセンティブを正しく理解しないことで、施策の効果が完全に無効化（neutralize）されてしまう例です。

　それだけでなく、さらに始末が悪いのは施策による逆効果です。中和定理においては、高校生が自由に制限なく転校をできる状況を仮定しています。ところが、実際には転校には費用がかかります。金銭的な費用だけではなく、情報へのアクセスや人脈にも不平等性があるでしょう。その場合、転校によって恩恵を享受できるのはそれらの費用を払うことができて、より有用な情報にアクセスできる裕福な家庭に偏ることにな

ります。結果として、トップ n ルールを導入することによって優れた大
学への入学機会を増やすのは裕福な家庭だという、逆効果が生まれてし
まいます（そのような中和効果や逆効果を抑えて施策の効果を最適化す
るための適用資格は、Hafalir et al.,（2021）によって研究されていま
す。）。施策によって望ましい効果を得るためには、人々のインセンティ
ブを正しく理解しなければならないということがよくわかる例です。

お金で人は動かない？

　正しいインセンティブを引き起こすためには、金銭的な報酬やペナル
ティが使われる機会は多くあります。例えば喫煙のように社会的費用が
高い行為には税金が課されたり、二酸化炭素排出を抑制する産業には補
助金が出されたりするのも、望ましいインセンティブをもたらすことを
意図して金銭的手法が使われる例です。
　しかし、人は必ずしもお金では動かない、ということを示す有名な例
があります。
　イスラエルの託児所において、以下のような対照実験が行われました
（Gneezy and Rustichini, 2000）。託児所では午後 4 時に親がお迎えに来
ることになっていました。親が遅れて現れた場合、保育士が残って待た
なければなりません。託児所の契約には午後 4 時までの保育のみが含ま
れていたため、保育士は契約外時間の労働を強いられるという不都合が
生じていました。
　そこで実験では、10 分以上遅れて迎えに来た親に 10 シェケル（約
400 円）の罰金が科されることになりました。親が罰金を避けたいと思
うのであれば、この金銭的制度によって遅れてくる親は減るはずです。
ところが驚くべきことに、罰金が科されたグループ（介入群）において
は、科されないグループ（対照群）に比べて遅れてくる親の数が有意に
増加したのです。平均値はおよそ 2 倍に増加しました。なぜ罰金制度を

導入することで逆効果があったのでしょうか。

　この実験結果は「人は必ずしもお金で動かない」ことを如実に示しています。金銭的な罰がない場合、遅刻した親にとって保育士を待たせることには金銭に変換しがたい罪悪感が伴います。遅刻を避ける努力にかかるコストよりも罪悪感の方を大きく感じていた人にとっては、どうにかして時間に間に合わせることが最適戦略でした。しかし罰金が導入されると、10シェケルという些細な罰金を払うことで内的な罪悪感（の少なくとも一部）は打ち消されます。その効果によって遅刻を避けるコストを罪悪感が下回ってしまった場合、罰金を払って遅れる方が最適行動となります。罰金によって対価は支払ったのだから、後ろめたい気持ちを持つことなく「堂々と」遅れることができるというわけです。実験では、そのように感じた親の数が罰金を避けて遅れることをやめた親よりも多かったと推察されるのです。

クラウディング・アウト効果

　このように、**金銭的賞罰が内的動機を「締め出して（crowd out）」しまうことをクラウディング・アウト効果と言います。**インセンティブを与えるために金銭的賞罰を導入する場合、その心理的動機への効果を正しく理解する必要があります。

　同様の例は、学習行動にも観察されます。子どもに勉強をさせるために金銭的報酬を与えるのは良いことでしょうか？　様々な立場の人がそれぞれの経験から独自の教育論に基づいて意見を持っています。「子どもをお金で釣る」ことの倫理的妥当性に意義を唱える人もいるし、子どもの立場でも「せっかく勉強をやる気になったのに、お金のためにやっていると思われたくない」という意見もあるでしょう。

　感情論や思い込みを排し、科学的な根拠にもとづいた答えを導き出すには、正しくデータをとってそれを統計的に分析することでエビデンス

を積み重ねていくしかありません。

　金銭的報酬が学習する楽しみからくる内的動機をクラウド・アウトするかという問題には、多くの科学的研究が行われています。100 以上の研究を統計的に扱ったメタ分析によると、子どもがもともと楽しんでいる学習（パズルを解いたり、絵を描いたり）には、金銭的報酬を与えると内的動機が下がってしまう場合が多いことがわかっています（Deci et al., 1999）。逆に退屈な作業やつまらないタスクにおいては、クラウディング・アウト効果が起こらないどころか金銭的報酬により行動を促す効果が高いことがわかりました（Cameron et al., 2001）。自主的に進んで行っていたボランティアに「お金を出す」と言われた途端に行きたくなくなったり、逆に楽しさを見出せない作業には報酬が出ないと行きたくなかったりするといった心理的な感覚に合致しています。

　また、金銭的な報酬を用いるよりも言葉でほめる方が効果があること（Cameron and Pierce, 1994）、あるいは現金の報酬よりも（たとえ安物であっても）トロフィーを与える方が効果的な場合があること、しかもトロフィーは小学生には有効でも中高生には逆に現金の方が効果があること（Levitt et al., 2016）など興味深い結果も報告されています。

　このように、お金によって生じるインセンティブだけに注目してしまうと、お金以外の動機を見逃してしまうことがあります。施策を有効にするためには、人のココロにひびく部分を正しく理解する必要があるのです。

施策の効果

　政策の効果は、金銭的報酬による動機づけとその心理的影響の両方によって左右されます。それを顕著に示した研究が Ariely et al.（2009）です。

　アリエリー教授たちの研究グループは、寄付やボランティアといった

私的な貢献行動に注目しました。特にアメリカで私的貢献は大きな位置を占めており、89％の世帯が寄付を行い44％の成人が年間総計で約900万時間に相当するボランティア活動をしている、というデータもあります。

　彼らは、寄付行動を促す目的で金銭的報酬を与えるような政策は有効であるかを調べるために、実験室とフィールドにおける実験を行いました。例えば、税控除や贈答品などの手法を用いて寄付行動は増えることが期待できるでしょうか。

　彼らが注目したのは、人々が寄付行動そのものから得る内的動機、金銭的報酬がもたらす外的動機、および寄付行動が外面からの認識に与えるシグナリングという三種の動機の区別です。それらの間に何らかの関係が発見できれば、寄付行動を促す政策について理解が深まると期待できます。

　実験室実験においては、金銭的報酬によって寄付行動への努力は増えるかどうかが調べられました。被験者が5分の間にキーボード上の特定のキーを打鍵した数にしたがって、前もって決められたルールによって寄付額が増加するように定められました。寄付行動が他の被験者に公表されている場合とされていない場合の両者について、金銭的報酬のあるグループ（介入群）とないグループ（対照群）の比較が行われました。

　その結果、寄付が公表されていない場合には金銭的報酬によって有意に打鍵数が増えました。一方、寄付が公表されている場合には金銭的報酬によって打鍵数に有意な差は出ませんでした。金銭的報酬が行動にもたらす帰結に明確な差が出たわけです。なぜでしょうか。

　彼らの仮説は、シグナリング動機が働いているというものです。人が寄付する動機をもつのは、寄付行動そのものから得られる喜び（内的動機）、税控除などの金銭的報酬（外的動機）に加えて、寄付した行動によって周りから「いい人」だと認識されたいと思う動機（シグナリング動機）による、という説明です。寄付が公表されていない場合にはこの動機が起こり得ないことに注意しましょう。

　その動機を調べるため、実験ではアメリカ赤十字への寄付（被験者の92%が良いイメージを持つ）と全米ライフル協会への寄付（同じく72%が悪いイメージを持つ）が比較されました。すべての場合に打鍵数は前者で有意に大きかったのですが、興味深いのはその差が寄付が公表されている場合に大きかったことです。寄付が公表されていない場合（シグナリングが働かない）には外的動機が行動につながった一方、外的動機を得ているという事実が公表されている状況では、「いい人」として認識されたいという動機を阻害していると考えられます。

　この実験では、金銭的報酬を得る場合と得ない場合、寄付が公表されている場合とされていない場合、寄付先のイメージが良い場合と悪い場合の3つの比較（2 × 2 × 2のデザイン）を上手に活用しているところが優れています。単なる差を比較するだけではなく、差の差、あるいは差の差の差を用いて行動への帰結がどのような構造を通して生じるのかを分析しているのです。

　このような分析を用いれば、金銭的報酬を用いた政策がどんな場合に有効であるかについて有効な示唆が得られると期待できます。例えば、環境保護政策の一環として二酸化炭素の排出を減らす製品への補助金を出すことに効果が得られるのはどのような場合でしょうか。環境にやさしいエアコンの場合とハイブリッドカーの場合を比較すると、金銭的報酬は前者よりも後者でより働くと予想されます。前者ではその製品を使っている情報が家庭内にとどまるのに対し、後者では車は外で運転するものなのでシグナリング動機がより強く働くと期待できるからです。

　このように、政策によって人の行動に影響を及ぼすためには、金銭的な報酬によって生じる物質的なインセンティブだけではなく、それに伴う心理的効果を考慮に入れなければいけません。

納得感のある決め方

　施策が行われ人々の選択が変化した結果、選ばれた選択肢そのものに多くの人が納得するのは重要です。しかし、忘れてはいけないのは**どのようにしてその選択肢に至ったかという「決め方」に納得がいくかどう**かも同じくらい、場合によってはそれ以上に重要だということです。

　人が心理的に感じる公平さと数学的な公平さは必ずしも一致しません。特に、何らかの選択肢を選ぶときに確率を用いて選ぶ要素が入ってくる場合、二つの公平さの間にずれが生じることがあります。どのような規準に基づいて、人は公平さを判定するのでしょうか。

　「ランダムな独裁（random dictatorship）」という決め方があります。これは、集団のうち一人を無作為に選んで、その人の選択肢を集団の決定とする決め方です。理論的には、選好が強い（同点が起きない）場合に、効率性と耐戦略性を同時に満たす唯一のメカニズムであることが証明されています（Gibbard, 1977）。単純多数決とは違って、嘘をつくインセンティブがないのは自明でしょう。決定者として選ばれた場合には、自分にとって最も望ましい選択肢を採用すればよいからです。面白いのは、その選び方によって人々の納得感が変わりうる、ということです。

　例として「給食で余ったプリンを誰がもらえるのか」問題を考えてみましょう。誰かが欠席をしてプリンが一個余ったとします。希望者を募ると多くの生徒が手を挙げました。どのようにして、勝者を決めるのがよいでしょうか。

　まず、公平なくじ引きを作り、それを用いて勝者を決めたとしましょう。参加者の名前を一人ずつ書いた紙を箱に入れ、無作為に選ばれた紙に書かれた人がプリンを獲得します。全員が均等な確率でプリンを得ることができる、納得がいく決め方のように思えます。

　くじを引くのは誰が良いでしょうか。先生が引く場合とある特定の生

徒が引く場合で、どちらがより「納得がいく」かと問われたら、前者と答える人が多いかもしれません。後者の場合、そもそも誰がくじを引くのかを決める必要があります。それも公平にくじで決めるとすると、今度はそのくじを誰が引くのかを決めなければなりません。これでは問題は永遠に解決されません。

では、「おかわりじゃんけん」を使うのはどうでしょう。希望者が前に出ます。その全員でじゃんけんをして、勝者が見事プリンを勝ち取ります。じゃんけんでは全員が 3 分の 1 の確率で違う手を出すことが唯一のナッシュ均衡である（偏りのある手を使うと、それを相手に活用されて負けやすくなることはあっても勝ちやすくなることはない）ことを考えると、じゃんけんも公平なくじ引きも、無作為に勝者を選ぶという点では数学的に同値です。

しかし、どちらがより「納得がいく」かと問うと、多くの人がじゃんけんと答えるでしょう。勝者も敗者も、自分でそれぞれ選んだ行動をもとに勝者が決まるからです。それぞれの行動（出す手）がランダムに選ばれたものであったとしても、それぞれが能動的にランダム化の過程に参加しているという事実そのものが、納得感を高める要素の一つになっていると言えるでしょう。

このような問題において、人間が決め方に公平感を持つときにどのような規準を用いるのかに注目した研究が Eliaz and Rubinstein（2014）です。出身 58 カ国に及ぶ 677 人の学生を対象に、いくつかの質問を行いました。それぞれ、数学的には同値な「決め方」について、どちらがより公平に感じるかという二択の質問です。読者の皆さんも、自分がどちらを公平と感じるのか考えながら読んでみて下さい。

- あなたはあるクラスの学生で、2 つのテスト日程のうち 1 つを選ばなくてはならない。どちらが学生から見て公平と言えるか。
  A. 1 人の学生がランダムに選ばれて、決めるように言われる。その人の名前が全員に発表され、その人の選択がクラスの決定とな

る。

B.　それぞれの学生が、自分の名前と希望の日程を書いた紙を提出
　　する。1枚の紙がランダムに選ばれて、その学生の名前が発表さ
　　れ、その人の選択がクラスの決定となる。

　参加者の5％がA、52％がBの方がより公平だ（残りの43％は同じ）
と答えました。いずれも無作為に一人の意見を選び出すという意味では
全く同等なことに注意してください。最終的に公表される情報量も同じ
です。結果を見ると、無作為に選ぶ仕組みにおける公平感の評価に**すべ
ての参加者が能動的に参加できるかどうか**を規準にしている人がいるこ
とが示唆されます。上記の「おかわりじゃんけん」の例と同様です。
　では次の質問ではどうでしょう。

- ある社員を解雇するかどうかを、15人の委員会における多数決投票
　によって決める。各委員は自分の名前と投票を封筒に入れて封をす
　る。委員長は封筒を集めたのち、当該社員との面談に臨む。以下の
　2通りのうち、委員にとって公平と言える手順はどちらか。
　A.　委員長は前もって封筒を開けて投票結果を確認する。面談では
　　　最初に結果を通告し、その後ランダムな順番に封筒を開け、投票
　　　内容と委員の名前を発表する。
　B.　委員長は、当該社員の前で初めてランダムな順番で封筒を開
　　　け、投票内容と委員の名前を発表する。ある時点でどちらかの決
　　　定が多数になった時点で結果を発表し、最後の封筒まで通告を続
　　　ける。

　ここでも、決め方と公表される情報量は全く同じです。しかし、参加
者の56％がA、18％がBの方がより公平だ（残りの26％は同じ）と答
えました。Bの決め方においては一人の委員が解雇の決定について責任
を負うように見えます。この例からは、**すべての個人を平等に取り扱っ**

ているかどうかが公平感の規準の一つになっていることが示唆されます。
　では次の質問を見てみましょう。

- 2 人の腎臓疾患をもつ双子がいて、母親から臓器移植の提供を受けることができる。母親は腎臓を 1 つしか提供できない。母親から見て、どちらの手順が公平か。
  A.　医者がコイントスをする。
  B.　母親がコイントスをする。

　明らかに、誰がコイントスをするかは結果の無作為性に影響しません。しかし、参加者の 31％が A、10％が B の方がより公平だ（残りの 58％は同じ）と答えました。ここでは、**ランダムな選択決定の実行役になった人に過度の心理的負担がかかっていないか**を規準とする人がいることが示唆されます。
　論文では、以上に加えて、参加者を非対称的に扱う必要があるときは、それをできるだけあと延ばしにする、できるだけ慣習に沿った方法を用いる、くじの結果を何らかの啓示と結びつけることができるときはそれを尊重する、などの規準と質問の回答に整合性があるかを調べています。
　最後の「啓示」との関連については、再度 M-1 グランプリの例が関連していると言えるかもしれません。M-1 グランプリでは明らかに、ファースト・ラウンドの出番順が大きな意味を持っています。これまで17 回の大会で、優勝者の出番順は、前半（1 番～5 番）が 5 組、後半（6番～10 番）が 12 組です。トップ出番での優勝は第 1 会大会のみで、観客の笑う雰囲気が醸成されていないなど明らかに不利な要素があります。しかし、誰かが順番を決めなければなりません。そこで、番組では試行錯誤の結果「笑神籤」というシステムを生み出しました。これは神社でよく見る六角形のおみくじ箱に各参加者の名前が書かれた棒を入れ、その年に活躍したアスリートなどが箱を振って出た棒によって次の

出番組が決まるという仕組みです。おみくじと似た形式をとることで何らかの啓示を想起させる方法を用いることによって、他の決め方（例えばテレビ局がランダムに決める）よりも納得感が高く異論が出にくい方法に収束した例と言えるかもしれません。

以上の例はランダムな選択の行い方に特化したものでしたが、より一般的に、**数学的な性質が同値であっても決め方への納得感が異なる場合がある**ことがわかります。集団的意思決定においては、**選択肢そのものに納得する**だけではなく、**選択肢をどう選んだかについて納得がいく方法を探すことが大切**だと言えるでしょう。

ここまで、納得がいく選択肢を選ぶための方法について、様々な理論や工夫を見てきました。ゲーム理論をはじめとしたミクロ経済学による説明は、大まかな行動動機を理解するのに役に立つことが多いでしょう。しかし、現実に観察される行動と理論の整合性はデータによって繰り返し検証される必要があります。

人に行動を促すには、理論とデータの両方を上手に用いることが必要です。

第 5 章

よりよい決断を
目指して

多数派の専横を防ぐ

意思決定理論 と EBPM

1
医学と経済学の共通点

　これまで、医学と経済学の共通点を通して、集団的意思決定（CDM）が直面する課題や解決法を見てきました。本章では、これらの分野に共通する概念を俯瞰的に捉えることによって、何が最も本質的なのか、われわれが知っておきべきことは何か、本書のメッセージは何か、について明確にしていきたいと思います。

　医学と経済学、一見遠くかけ離れているように見える二つの分野に共通する考え方とは何でしょうか。分析対象や取り扱う課題が遠ければ遠いほど、それらの共通点には本質的に重要なアイデアが含まれていると考えられます。そこで、ここでは本書で取り上げた共通点について、もう一度まとめておきます。

データを正しく用いる

　いずれの分野においても、分析の対象になるのは現象の背後にある複雑な因果関係です。特定の疾患が発現する仕組みを解明する場合であっても、ある経済政策の効果を評価する場合であっても、それぞれの個体や経済状況におけるすべての条件が完全に等しい二つの状況はまず存在

しません。分析対象となる現象そのものには個体差が多く、たくさんの要素が複雑に絡み合った結果として、特定の疾病や経済問題が発現しています。非常に似通った初期条件からでも結果にばらつきが生まれやすいため、複数の事例をまとめて分析するほかありません。

　したがって、分析には統計的な手法を用いることになります。医学においても経済学においても、特定の療法や政策によって問題が解決できるかどうかについてはどうしても統計的な表現を用いざるを得ません。純粋数学における定理の証明が無矛盾かどうかを白黒はっきりできる場合とは対照的です。「○○％で一定の効果が現れると考えられる」とか「効果が○○と○○の範囲に収まる確率は95％である」といった表現がよく現れるのは、そのためです。逆に、特定の A さんに対して「この療法であなたの病気は確実に治ります」とか「この政策によってあなたの福利は確実に10％上がります」というように断言するのは難しくなります（そのような人に出会ったら、疑いの目を向けてみる方が良さそうです）。

　したがって、科学的な分析をするためには、データを「正しく」用いることが極めて重要になります。

　そのために最初に注意しなければならないのが、データを正しく取ることです。前半部分でも見たように、一般的に何らかの施術あるいは施策の前と後を単純に比較するだけでは、その本当の効果を取り出すことはできません。また「権威者」と呼ばれる人の意見を必要以上にありがたがって拝聴するのは、科学的とは言えません。情報があふれるこの世の中で、私たちは何を取り出してどこに注目するべきか、細心の注意を払わなければなりません。

　そこで、エビデンス・ピラミッドが役に立ちます。ピラミッドの上位に位置する RCT（ランダム化比較試験）では、評価のバイアスを避けるために処置群と対照群をランダムに割り当てるといった工夫が行われています。RCT が難しい政策評価においては、自然実験における RD（regression discontinuity）デザインを活用するなどの手法が有効です。

　次に、そうして得られたデータを「正しく」用いるためには、データを読めなければ意味がありません。したがって、統計学の基本的な概念である標準偏差や仮説検定などの意味を理解することが重要となるのは言うまでもありません。ただ、より重要なのは、これらの概念を使って統計的内容を正確に伝えるだけではなく、それらの限界、すなわち逆に伝えられないことを正しく理解することです。単なる相関関係と因果関係の区別はその一例です。統計は便利である一方、悪意をもって運用しようと思えば比較的容易に巧妙な嘘をつくことができてしまいます。それらに騙されず正確な情報を選別するためには、広い意味で正しくデータを読むリテラシーを培うことが大切です。データを正しく理解することができて初めて、それを正しく使うことができます。

集団的意思決定（CDM）の特性を用いる

　そのようにしてデータから読み取った情報は、最終的に意思決定に用いられます。よりよい決断をするためには、そもそも何が「よい」決断であるかを明確にしなければなりません。そのようなときCDMの知見が役に立つ場合があることを第4章で見ました。

　今一度、例として深刻な状態のがんが発見された患者の場合を考えてみましょう。

　最適な治療法を知るためには、がんの進行度や転移の程度をできるだけ正確に把握する必要があります。得られたデータに基づいて、手術療法、放射線療法、化学療法、免疫療法などのうち可能な選択肢の中から、それぞれの長所と短所を理解しなければなりません。期待できる効果はどれくらいか、体にかかる負担はどれくらいか、費用はどれくらいか。様々な要素を比較検討する必要があります。

　一般的には、医学においては「治療する」という最終的な共通目標があるために集団的な意思決定の問題は起きにくいと考えられるかもしれ

ません。誰から見ても明らかな、快癒という目標に向かって、最も信頼できる治療法を採用すればよい、そのためにできるだけ科学的にデータを分析して「最良の」選択肢を選べばよい、と考える人が多いかもしれません。

　しかし、第 4 章で見たように、医学的な決定には意思決定者と専門家の間に起こるプリンシパル・エージェント問題がつきものです。一般的に、専門的な知識に基づいて最も科学的な分析にアクセス可能なのは、当事者である患者自身よりも医師の方です。この場合、最終的な意思決定の責任者（プリンシパル）である患者と、情報をもつ専門家（エージェント）の間で「最適」と考える選択肢にズレが生じることがあります。例えば、医師が専門家の知識を用いて余命を最長にする選択肢は放射線治療であると判断したとしましょう。医師が「よかれと思って」独断でその治療法を選んだとすると、これは違法です。自己決定権を持つ患者の同意を得ていないからです。そもそも、患者は余命を最大限に延ばすことを最優先事項としていないかもしれません。

　そこで、患者が自由意志をもって痛みを軽減する緩和ケアを望んだとしましょう。これでも問題は終わりではありません。患者自身の意向とは異なり、家族はより延命の可能性が高い選択肢を望むかもしれないからです。患者が静かに死を迎える覚悟を得たとしても、一秒でも長く生きてほしいと肉親が望むのは、ごく自然な感情です。

　このように、「治療する」という一見明らかな共通目標があるように思われる場合であっても、情報量や立場の差によって、専門家と素人、助言をする人と最終決定権をもつ人、患者とその家族、といった具合に集団的決定の問題が構造的に存在します。さらに、身体的な痛みや精神的な苦痛、あるいは死を自然の過程と認められる度合いには、当然ながら個人差があり、選好に違いがあっても不思議ではありません。その中で、どうやって「みんなが納得する」選択肢を選ぶのかという問題は、まさに集団的意思決定（CDM）の範疇に属します。選択肢そのものに納得がいくだけではなく、どのようにして選択肢に至ったかという過程

にまで納得がいく方法を取るのが望ましいと考えられます。

　経済学においても、政策における集団的意思決定の場面では「最良の」政策を選ぶ以前に、そもそも理想的な世の中のあり方に集団的な同意がない場合が多くあります。例えば、ある特定の産業における税率を設定する問題を考えましょう。そもそも、再分配や社会福祉が大きい社会を理想とするのか、それとも自己責任の割合が高い世の中を目指すのか。それぞれの理想像が異なる場合には、当然最適の税率は異なります。選好を集約してなるべく多くの人が納得できるような選択肢を選ぶ必要があります。このように、程度の差こそあれ、医学においても経済学においても、異なる情報量、立場、選好をもつ人々の間で集団的に意思決定をする必要がある、という点は共通しています。

　こうした場面では、医学においては共同意思決定（shared decision making、SDM）という概念が用いられていることはすでに触れました。SDMと多くの共通点をもち、さらに経済学的な分析手法と結果に注目する分野が、集団的意思決定（collective decision making、CDM）です。第4章では、集団的意思決定（CDM）の理論を活用することが役立つ例を具体的に見てきました。

　集団で意思決定を行う際には、決定ルールはメカニズムの一例と見ることができます。メカニズム・デザインの理論においては、メカニズムを定めることで個人間の選択はゲームと見なせるので、ゲーム理論を用いた分析が大いに威力を発揮します。例えば、与えられたルールのもとでナッシュ均衡を考えると、一人一票の単純多数決には戦略的投票などの問題が多いことがわかります。さらに、単に賛成または反対だけではなく、強く賛成、どちらかと言えば反対といった個人差の強弱を意見集約に反映させたい場合には、多数決では不十分なので点数をつける方法が有効です。その場合、集約ルールに平均値を使うと誇張に弱いことがわかっています。一般的には、中央値を用いることで「正直者がバカを見ない」制度を作ることができます。加えて少数意見を尊重したい場合には、単なる多数決を用いるのではなくて、重み付きの多数決を用いて

その重みの付け方に配慮をすることが重要になります。

　このように、CDM の分野においては、主にミクロ経済学の理論的な知見を用いて多くのことが知られています。プリンシパル・エージェント問題、メカニズム・デザイン、ゲーム理論などのツールを用いることでわかるのは、望ましい性質をもつ集団的意思決定のルールを設計するには、そのルールが個人にもたらすインセンティブ（誘因）を正しく理解して上手に組み込むのが重要ということです。

　ここまで見ると、賢明な読者の中には EBM（Evidence-Based Medicine）と EBPM（Evidence-Based Policy Making）の共通点を改めて想起した方々が多いかもしれません。前半部分で詳しく紹介したように、両者は科学的根拠に基づいた医療、および政策決定という概念です。ときに、EBM では「病気を治す」という明確な目的があるのに対して EBPM では何が「正しい」選択なのか、何が「良い」社会なのかについて合意があるとは限らないため、両者を区別して考えるべきだ、という意見が出されることがあります。しかし、いずれの場合においても、複数の意思決定者が共同の意思決定をする構造は相通じています。そのような状況で、意見集約のためにメカニズム・デザイン、ゲーム理論、行動経済学などで得られたCDMの知見を活かして上手に決断していく、という目標が共通していることは明らかでしょう。

人のココロにひびく施策を選ぶ

　一方、付与したい誘因を理論的に組み込めば設計は終了、というわけではありません。人のココロの動きは、必ずしも物質的あるいは金銭的な誘因によって動くとは限らないからです。

　人間は、生まれ持っての傾向として判断時にバイアスを持つものです。「理性的な」判断はときに難しい、ということをわれわれはよく知っています。直感的な判断が間違っている場合も多々あります。特に、医

202

療現場や制作決定の場面で感情や信条に影響を受けすぎてしまうと、望ましい意思形成の妨げとなることがあります。医療現場では、医師、患者、家族、政策決定の場では、市民、企業、政府、政策制定者などの異なる立場で利害が一致しない場合、情報や選好を正直に共有して建設的な合意形成をするのは容易ではありません。

そこで、人間が生来もつバイアスを正しく理解して人のココロにひびく施策を選ぶことが重要になります。行動経済学の発展に伴って、人間が自然に持つバイアスについての体系的な理解が深まってきました。ナッジなどの概念が医療現場でも政策制定で活用され成功しています。例えば、日本でも2022年に特定非営利活動法人 Policy Garage、大阪大学社会経済研究所、行動経済学会が連携して「自治体ナッジシェア」のウェブサイトを立ち上げて、自治体職員が実際に体験したナッジの実践例を共有しています（https://nudge-share.jp）。行動経済学や実験経済学などの学問分野で得られた見識とそれを実際の現場で実践したケースから、おすすめできるものや逆に苦労した経験を共有することで、知見を蓄積していく貴重な機会と言えるでしょう。

科学的に正しい事実だけを突き付けても、人の行動変容を起こすことは難しいものです。科学的根拠を明らかにするだけではなく、そのエビデンスを用いていかに個人や集団により好ましい予防的行動を促すことができるかを考えなければなりません。こうした難しさは、生活習慣病の予防介入などにおいてよく見られます。いわゆるメタボ予防のために喫煙、過度の飲酒はこんなに悪いですよ、健診を受けたほうがいいですよ、と呼びかけるだけでは十分ではない場合が多いです。実際に腰を上げてもらうには、いろいろな工夫が必要です。

お金を払えば人は動いてくれるだろう、と考えるのは早計です。行動経済学や実験経済学の研究を通して、金銭的なインセンティブを与えることで人間の行動が期待された通りに変わるわけではなく、むしろ逆効果がある場合が多いこともわかってきました。**人は必ずしもお金では動かない**ということを理解して、人のココロに響く施策を考えることが重

要です。その際に、公平感や納得感への配慮、内的動機や外的動機の区別などの要素を加味することで、施策の効果を上げられると期待できます。

　公平感や納得感に配慮する、などと言うと当たり前にすら思えるかもしれませんが、実践には多くの労力を要するのが現状です。金銭的誘因などに由来する合理的な動機に比べて、公平感や納得感という概念は定式化するのが難しいものです。そのため、データを集めてそこから示唆されるパターンに基づいて理論を修正していくのに時間がかかります。その上で、新しい理論とデータに整合性があるかを調べなければなりません。失敗例から学び、成功例を分析することを繰り返していくことで少しずつ知見を集めていくという地道な作業が必要になります。理論とデータの両輪のうち、いずれが欠けても車は前に進みません。

　重要なのは、インセンティブを理論的に理解するのは大切だがそれだけでは不十分だと知ることです。人間の行動には、合理的な誘因だけでは描写が難しい部分があります。データを通してそのパターンを知り、ナッジなどを通して人のココロにひびく施策を用いることで、より大きな効果が期待できるでしょう。

多角的に考える

　では、人間の行動を促す要素に十分注意をして、上手に制度を設計すればそれで終わりでしょうか。ここで強調しておきたいのは、「ルール設計さえしておけばそれでOK」「RCTさえやっておけばそれで十分」などという誤解を招かないようにしたいということです。

　前半部分でも言及した通り、エビデンス・ピラミッドを見てみると、上位からメタ分析、ランダム化比較試験（RCT）、コホート研究などに続き、専門家の意見が下位に入っています。もちろんこれは、権威を否定し専門家の意見は無視したほうが良い、ということを意味しません。

　医学においても経済学においても、「権威」や「エキスパート」と呼ばれる人はいます。EBM や EBPM が一般的になる前には、そのような権威のご意見がありがたがって拝聴されていた時代もありました。今でも、健康や教育など生活に身近な話題になると、私たちはついその道の「達人」と呼ばれる人の意見を聞いてしまうことがあります。その道の権威とされている人がしたり顔で個人の経験や感想を過度に一般化している話を聞いたり、「成功者」とされている人に耳触りのよい文言で特定の主張を断言されたりすると、つい耳を傾けてしまうのも人間の習性です。そんなとき、そのような主張にどれだけ根拠があるのか、データやエビデンスを用いて判断することが私たちにできる防御策です。

　ただし、ここで注意したいのは、だからと言ってデータやエビデンスに盲目的に従うのも危険だ、ということです。

　上述した通り、医学においても経済学においても、分析の対象には個体差をどうしても除去できない状況に直面します。したがって、分析は統計的になりがちです。そんなとき、データやエビデンスは、複数の場合を含んだ包括的な性質を持ちやすくなります。RCT においても、介入群と対照群で有意な差を検知するためには、サンプル数をある程度確保しなくてはなりません。

　十分に注意深くとられたデータを正しく処理して得られたエビデンスは有用ですが、その過程で個々のケースの個別性が失われていることには注意が必要です。特定の疾病や社会的意思決定問題に直面して、統計的なデータのみに依存して決断をしてしまうと、今目の前にある問題に特有の性質を見逃してしまうかもしれません。

　そこで、データやエビデンスだけに盲目的に従うのではなく、多角的に意見を取り入れることの重要性を改めて強調しておきたいと思います。RCT、制度設計、EBM、EBPM、専門家の意見、ナッジなどの各要素は、よりよい集団的意思決定のための部品にすぎないのです。これらがうまく組み合わさって初めて、望ましい意思決定につながります。

　何が正しい決断かを見極めるにあたって、これさえやっておけばよい

という近道は、残念ながらありません（後述しますが、機械学習もまだその段階に至っていないと言わざるを得ません）。統計的なデータ分析から得られる包括的なエビデンスを参照にした上で、個別の例について忍耐強く分析と検討を繰り返すのが、結局は近道だというのが現状です。そのためには、多角的な視点を持つことが大切だということを、改めて強調しておきたいと思います。

共通言語を用いる

　医学と経済学の共通点を認識することの大きな利点の一つは、共通言語を用いることで多くの人と考えや発見を共有できることです。これまで述べてきた共通点は、専門家にしてみれば当たり前の内容が多く含まれるかもしれません。

　しかし、それぞれの専門家の間であっても、本書で述べた共通点が十分に把握されているとは言えないのが現状です。そもそもこの本を書くことになったことのきっかけは、医学と経済学の専門家である二人の著者の間で、それぞれの専門分野で「当たり前」に使われている概念や手法にあまりにも共通点が多いのに驚いたことでした。この本を執筆中に多くの人と話しましたが、医学と経済学に重要な共通点が多数あると言うと、まず驚きの反応をされることが多かったです。驚きでない場合も、経済学者に話すと「ああ、経済学が発展させた概念を医学にも応用する話ね」と言われ、医療関係者に話すと「医学で古くから使われている手法を経済学でも借用しているらしいね」と言われたものです。その際に感じたのは、それぞれの分野における理論の発展や知識の蓄積から真摯に学ぼうとする態度よりは、むしろ相手に教えてやっている、という尊大な態度でありました（残念ながら一部研究者の尊大さも異なる分野にまたがる共通点です）。

　そのような認識でとどまっているのは、あまりにも惜しいと思います。

それぞれの分野の専門家だけではなく、政策策定者、政治家、行政関係者、利害関係者、一般市民など多くの人々の間で共通の研究結果を共有することで、それぞれが同じ言葉を用いて話せたらどうでしょうか。研究結果や概念が共有されると、より進んだ研究に役立つのは明らかですが、利点はそれだけではありません。

　複数の人が集団的な意思決定をする場合、特に利害関係に対立があると議論がうまくいかない場合が多いです。感情論や水掛け論では建設的な議論は難しくなってしまいます。イデオロギーや先入観に支配されてしまっては、議論がかみ合わないかもしれません。

　そこで、客観的で科学的根拠に基づいた研究結果を共有し、それに伴う共通の概念を用いることで、より有意義な議論につながることが期待できます。本書で紹介した概念や理論は、一見遠く離れた分野に共通する構造を持っています。その分、より核心的な内容を含んでいると言えるでしょう。これらの本質に通じる部分を明示し言語化することによって、多くの人の間で建設的な議論を進めるのに役立つと期待しています。

2

リテラシーを上げる

　では、共通点を認識し共通言語を持つことの究極の目標は何でしょうか。

　個人が集まって社会を形成するとき、意見や立場、情報量に応じて異なる選好をもつ人々の間で集団的意思決定をしなければなりません。そのために、CDM の知見や人間が自然にもつバイアスをうまく活用する方法をここまで見てきました。

　しかし、そもそも個人の意見が怪しげな情報やあやふやな考察に従って形成されていたとしたら、どうでしょうか。集団的意思決定のそもそもの目標とは何か、について考えさせられる例を一つ紹介しましょう。

　20 世紀後半から 21 世紀はじめにかけて、米国アリゾナ州では重要な予備選挙および一般選挙における投票率の低さが問題になっていました。特に 1996 年以降の大統領選挙では、州別比較で 47 位、49 位、47 位と、最下位付近が定位置でした。

　投票率の低さは、世界中の各地で見られる問題です。日本でも、投票率を上げるために様々なキャンペーンが行われます。しかし、どの対策も効果はいまいちで、決定打に欠ける感があります。では、投票率を上げるにはどうすればよいでしょうか。

　アリゾナ州の市民団体が 2006 年に提出した「投票者報酬法令（Voter Reward Act）」案はオリジナリティに秀でたものでした。内容は「予備

投票および一般投票に投票した有権者のうち、無作為に選ばれた1名に100万ドルを現金で支払う」というものです。もちろん、選別は投票先に依存しません。要するに、投票に来れば自動的に宝くじを1枚もらえますよ、誰に投票したのかは問いません、というアイデアです。

　この法案に、読者の皆さんは賛成するでしょうか、反対するでしょうか。意見が分かれるところかもしれません。投票率を上げる効果は、ほぼ確実にあるでしょう。では、費用はどうでしょうか。投票率向上キャンペーンにおいては一般的に巨額の費用がかかるので、もし同等のキャンペーンよりも効果が高いのであれば、この案の方がコスパが良い可能性があります。

　ここで考えなければならないのは、投票の本来の目的です。投票は、多彩な意見を集約してより民主的に集団的意思決定を行うために行われます。その意味で、多くの人が参加することが望ましいのは明らかです。しかし、やみくもに投票率が上がることで果たして意見集約の質は改善されるでしょうか。

　この法案がどのような人にインセンティブを与えるのか、という点に注目してみましょう。このルールによって投票に来るのは、これまで投票には来なかったけれども宝くじがあることによって行動を変える有権者です。そのような人が、どれだけ真剣に投票内容について熟慮するでしょうか。

　もちろん、そのような一票も、宝くじによらず元から投票していた人の一票も同様に数えられます。投票というものが「どのような選択肢が社会にとって望ましいのか」という確率変数について統計的な情報を得る貴重な機会であることを考慮すると、熟慮を経ない一票は変数が取りうる状態を推計するためのノイズになるのではないでしょうか。投票率はたしかに上がるかもしれませんが、集められた情報の質は本当に改善されていると言えるのでしょうか。

　したがって、投票の本来の目的に戻って考えてみると、この法案が「よりよい」決断の助けになっているとは断言できないと言わざるを得ま

せん。投票の究極的な目標は、より多くの人が熟慮を重ねて、様々な意見を多角的に取り入れた決断をすることのはずです。投票率はどれだけ多くの人が関わったのかを示す一つの尺度にすぎず、最終的な目標ではなかったはずです。

　住民投票の結果、この法案は反対67％、賛成33％で否決されました。反対票が賛成票の約2倍あったことは、注目に値します。アリゾナはスイング・ステート（民主党と共和党の支持が拮抗する州）で、2006年時点で直近の大統領選挙においては民主党が続けて敗北していました。投票制度の改革においては「結局自分の支持政党にとって得かどうか」で投票をする人が多いことを鑑みると、自分の支持政党への利点という近視眼的な視点から多くの民主党支持者が賛成票を投じたはずです。それでも反対票が多かったことから、支持党派を超えて、投票の本来の役割を考慮して投票した市民が少なからず存在したことが示唆されます。

　集団的意思決定がうまくいくためには、多くの人の意見がきちんと集約されていることが極めて重要です。少数の独裁者や専門家が多数の素人のために「決めてあげる」のは健全とは言えません。一方で、耳触りの良いことを言う政治家に大衆が扇動されて多数派を形成してしまうのも危険です。そのような問題を回避するにはどうすればよいでしょうか。

　ここまで、ゲーム理論を用いた議論やCDMの知見から得られた投票方法による工夫を紹介してきました。少数派の尊重や集約情報の質の向上などについては、テクニカルな方策を用いることで、ある程度は改善できるかもしれません。

　しかし結局、決定的に重要なのは、**民主的な決断が行われるためには個人がきちんと意見を持たなければならない**ということです。いくら意見の集約方法に工夫をしても、そもそも集めるべき意見が頼りないものであったら、意味がありません。

　では、「個人がきちんと意見を持つ」ためにはどうすればよいのでしょうか。世の中に大量にあふれる情報の中から、怪しげなものを振るい落とし、信頼できるもののみを見分けて採用する。その際、データを正し

210

く取り、正しく読む。感情やイデオロギーに基づいた意見だけに縛られず、熟慮する。理論だけではなく、人間が持つバイアスを考慮する。望ましい選択肢が何であるのかを、多角的に考える。こういったプロセスが必要になります。

　言うは易し行うは難しの、ありきたりな標語に聞こえるかもしれません。長々と、様々な理論や実例を挙げて、結局私たちはそんな当たり前のようなことしか結論できないのでしょうか。

　ここで、最初に投げた問いに戻りましょう。共通点を認識し共通言語を持つことの究極の目標とは何でしょうか？　共通言語を用いるのは最終的に何の目標のためでしょうか。

　その答えは、**個人のリテラシーをあげること**、これに尽きる、と私たちは考えます。

　世の中にはたくさんの人がいて、それぞれ異なった好みや情報を持っています。様々な考え方や望みがあるのは当たり前で、お互いに良いと思うアイデアを取り入れ合って自分と違う価値観や他者の決断を尊重していける社会は本当に素晴らしいものです。

　しかし、それぞれの個人が怪しげな情報やデータに騙されず、熟慮に基づいた意見表明をするためには、各個人のレベルで集団的意思決定のリテラシーが高くなくてはなりません。そもそも集団的意思決定には限界があること、それぞれの投票制度には利点と欠点があることを正しく知ることによって、日々の意思決定においてもよりよい決断ができるかもしれません。データを駆使して説得しようとする「専門家」に騙されることなく、大衆に迎合する政治家の口車に乗ることなく、自分の頭で考えて意思決定に参加するためには、個々人のリテラシーが高くなくてはなりません。

　AIが発達することで、意見集約に伴う煩雑な仕事の一部は機械に任せることができるかもしれません。たしかに、近年の機械学習の発展は目覚ましく、多くの研究成果が将来意思決定の自動化や最適化に役立ち得ることが示唆されています。ブロックチェーン技術を上手に使えば、

分散型自律組織（DAO）など、階層型の社会とは異なる社会構造についても大きな発展がある可能性を秘めています。

　しかし、AIにルールを教えるのは誰か、定められたルールに問題がないかをチェックするのは誰か、問題があった場合に誰が責任を取るのか、といった根本的な部分においてまだ広く納得される答えが出ていないのが現状です。その意味で、AIに任せっきりで健全な集団的意思決定が機能するためには、まだまだ越えなくてはならないハードルがいくつもあるようです。ルールの設定を含めて、すべてをデータに丸投げする段階にまでは、人類はまだ遠く達していません。

　そのような社会構造が望ましいのか、という判断を人類は近い将来しなければならないでしょう。一部を機械に任せるにせよ、抜け目なく設計された仕組みを採用するにせよ、その制度の原則を定め監視するという極めて重要な仕事を、誰かが担わなければなりません。それは、もちろんある組織という形を取らず社会全体で分担することになるかもしれません。いずれの場合も、**社会におけるそれぞれの成員のリテラシーが高くなくては、健全な制度は機能し得ない**、という点だけは間違いありません。AIが一部の仕事を担ってくれる可能性が出てきた今の時代こそ、集団的意思決定の核心にある問題と可能性について社会の成員それぞれが理解を深めることの重要性が高まっていると言えるでしょう。

　このような面倒な議論は、やはり個人レベルで地道にやるしかありません。社会のルールをどのように変えるにしても、結局、ルール変更そのものを最終的に決定するのは個人の意見集約なのですから。

3
理想の意思決定とは

　前章では、集団的意思決定は難しい、という事実を出発点にしました。アローおよびギバード、ザッタースワイトによる不可能性定理が示す通り、どこでも通用する万能のルールは存在しません。その事実を数学的に定式化して証明することができることはすでに見ました。

　したがって、それぞれの場面にうまくいきそうなルールについて「おいしいところどり」をするしかありません。ここまで読み進めた読者であれば、曖昧な表現を用いるよりも、メカニズム・デザインの言語を用いた方が実感を伴うかもしれません。目標関数に応じて最適なメカニズム（＝メッセージ空間とルールのペア）は異なる、ということです。そのため、場合に応じて望ましい制度を設計していくことが必要となります。

　そこで、**インスティチューショナル・デザイン**という概念が有用になります。

　2021 年、スウェーデンのストックホルムにおいて、ノーベル・シンポジウムが開かれました。これは 1921 年にエミール・ボレルによって書かれた論文の 100 周年を記念してノーベル財団が主催したものです。ゲーム理論における戦略の概念を初めて一般的な形で定式化した論文をボレルがパリのアカデミードにおいて発表した 12 月 19 日のちょうど 100 年後、ストックホルム・スクール・オブ・エコノミクスおよびスウェー

デン王立工科大学（KTH）に 7 名のノーベル経済学賞受賞者を含めた世界最高峰のゲーム理論家が集まり、発表をして祝杯をあげました。これまで 100 年間のゲーム理論の発展を振り返り、今後 100 年の研究の方向性が論じられました。その際、数学、経済学、生物学、計算機科学、政治科学などゲーム理論の応用範囲の広さを示すテーマの一つに選ばれたのが、インスティチューショナル・デザイン（institutional design）でした。日本語では「制度設計」と訳されることが多いですが、institution という単語は制度や社会組織だけではなく、広く慣習や法も指します。

　組織における意思決定ルールの設計問題は社会のあらゆる場面に登場します。インスティチューショナル・デザインにおいては、その性質が規模や公共性に応じてどのように変化するのかを分析します。私的機関では、企業や大学における意思決定の構造、権限の集中と分散などが対象となります。公共性の高い分野では、議会の役割、議員数の割当、投票ルール、憲法によって国家に課される縛りなどに加え、国家間の軍拡競争と軍縮への試み、貿易競争などが対象となります。分権化された組織がどのようにして既存の公共組織を巻き込んで共存し発展していくのか、という研究も今後さらに盛んになるでしょう。これからアツい分野と言ってよいと思います。

　そのような多岐にわたる意思決定制度の設計問題の分析を通してわかってきたことがいくつかあります。まず、医師や政治の「専門家」が権威をもって「決めてあげる」というパターナリズムには限界があるだろうということ。一方で、完全な分権化にもおそらく限界があるということ。ゲーム理論や行動経済学に基づいて綿密に投票ルールを決めておき、あとは個別の議題について投票結果が出そうのを待っていればよい、というやり方では問題がありそうです。

　では、理想的な意思決定はどのような性質を持つのでしょうか。その問題を考えるヒントとして、含蓄に富む例があります。個人の体験談なので、どこまで一般化できるかは割り引いて読んでいただきたいと思います（ここまで読んだ賢明な読者なら、「専門家」の「個人の感想」に騙

214

されることなく、批判的に読んで自ら咀嚼し消化することが当たり前の習慣になっているでしょう！）。

　大学のような研究機関において新規雇用は重要な議題です。新しく博士号を得た若き研究者を採用して研究に新しい風を吹き込むことが学部全体にとって大きな利点となります。これには、ほとんどの研究者が合意します。ただ、どの分野から採用するのか、については意見の相違が表れることが多いです。経済学部では、ミクロ、マクロ、計量経済の三大分野に加えて、より専門的な内容に特化した人材が望まれることもあります。一般的に、研究者は自分の分野の同僚が増えて研究が活性化することを望みます。

　経済学では毎年12月にヨーロッパと1月にアメリカで行われる国際学会に合わせて9月採用のジョブ・マーケットが開かれます。その際多くのインタビューを行い、選別された候補者は発表に招いてさらに面接を行います。その上、2月頃からオファーを出し、採用者が順次決まっていくのです。ここで候補者はより良い条件の大学からのオファーを待つため、大学側にとってはオファーを出す順番が重要になります。毎年、何度も教授会や委員会で議論を行い、ランク付きのリストを作っていきます。

　このとき、投票理論の専門家として、投票ルールを設計するよう何度か学部長に依頼されました。単純な多数決ではなく、重みや戦略的投票を加味したルールをいくつか提案し、実際に採用されたこともありました。

　しかし、印象に残っているのは学部長の以下の言葉です。「このようなルールを設計してくれて感謝している。ただ、気を悪くしてもらいたくないんだが、できればこのルールは使いたくないと思っている」。

　正直なところ、意味がわからず困惑しました。ところが、時を経るにつれてその真意がわかってきました。その学部長は、ときに紛糾する教授会においても参加者の意見を引き出し、できるだけ多くの論点と視点を机上にあげた上で多くの人が納得のいく決定をしようと常に心がけて

いました。熟議を行うことが重要であって、投票による決定は最終手段にしたい、というのが彼の信条であったのです。

　その後、学部を代表して別の学部間会議に出席したときに、その意味はより明確となりました。その会議を仕切っていた副学長（ディーン）は、何でも多数決で決めたがる人だったのです。議論をして少しでも意見の相違があった場合、では賛成の人、反対の人、と手を挙げさせ、「6対 3。では本案は採用」「4対 5。では不採用」と矢継ぎ早に決めて行くスタイルでした。単純多数決を金科玉条のように使う様子に軽い憤りを覚えましたが、不満はそれだけではありませんでした。たしかに決定のスピードは速かったのですが、十分な議論がされたという実感が得られなかったのです。少数派になった場合には、意思決定に参加した気がしなかったですし、たまたま多数派になった場合もこれで本当に正しい決断だったのか、十分論点が出たのか、自信を持てませんでした。

　一方、前出の学部長の「投票はできるだけ使いたくない」という態度は、投票そのものは手段にすぎなくて、意見を出し熟議と熟慮を促して決めることが集団的意思決定の最終的な目標である、という原則を改めて思い出させてくれるものでした。**民主的な意思決定が健全に機能するためには、個々の参加者が十分に考え、熟議と熟慮を経ることが本質的に重要なのであって、投票理論はそれがうまくいくための工夫にすぎないのです。**理想の意思決定手段とは何かという問いに答えるにあたって、何が最終的な目標で、何が手段であるのかを時々思い出すのが大切だと言えるでしょう。

　この本の序章でも触れましたが、疫学と集団的意思決定理論の共通点について、最後にもう一度言及しておきましょう。疫学は「集団の中で出現する健康問題の発生原因や流行状態の要因を明らかにして、有効な対策や予防策を確立するための学問」と定義できます。一方、集団的意思決定理論は「集団における意思決定において発生しうる問題の要因を明らかにして、有効な意見集約制度や法を確立するための学問」と定義

できます。どちらも、集団における人々の心に働きかけることで、いかにして社会にとって望ましい選択肢につながる行動を促すことができるか、を考える学問だと言ってよいでしょう。その意味で、疫学（epidemiology）と民主主義（democracy）の両方の語源に、古代ギリシャの都市国家における一般市民を意味する「demos」が入っているのは、偶然ではありません。どちらも、人間の学問なのです。

　これら二分野に共通する研究対象は、今後もさらに増えていくでしょう。本書を通して、両者に共通する内容に興味をもち、より深く学んで実践への応用に意欲を感じてくれる人が少しでも増えれば、私たちにとって幸甚の至りです。

- -

補　遺

マジョリティ・ジャッジメント（MJ）の解説

　ここでは、パリ市で実際に使われた参加型予算の例を用いて MJ のルールを解説します。

　まず、各投票者はそれぞれの選択肢（プロジェクト）に対して1つの評価（グレード）を与えます。グレードは以下のように自然言語を用いた4通りから選べるとします。

　投票用紙は以下のようになっていて、各プロジェクトごとに 1 つのグレードだけにチェックを入れることができます。

　各プロジェクトに対して、集まったグレードの中央値によって「MJ 評価」が決まります。中央値は、過半数の投票者がそのグレード以上と同意するような評価に一致します。

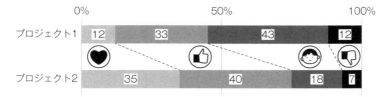

　この例の場合、プロジェクト 1 には「まあいいんじゃない😊」、プロジェクト 2 には「いいね👍」の MJ 評価が与えられます。したがって、プロジェクト 1 よりもプロジェクト 2 の方が上位となります。

　同点の場合には、以下のようにして順位を定めます。

　次の例では、どちらのプロジェクトでも MJ 評価は「いいね👍」となって同点です。

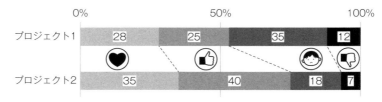

このとき、「少なくとも MJ 評価」に同意する過半数と、「たかだか MJ 評価」に同意する過半数の大きさを比べます（中央値をとっているので、どちらも必ず過半数になります）。

プロジェクト 1 では、前者が 28+25 = 53％、後者が 25+35+12 = 72％なので、MJ 評価以下に合意する人の方が多いことになります。このとき、MJ 評価は「いいね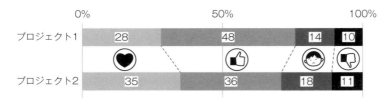－」としてマイナスの記号をつけます。

プロジェクト 2 では、前者が 35+40 = 75％、後者が 40+18+7 = 65％なので、MJ 評価以上に合意する人の方が多いことになります。このとき、MJ 評価は「いいね＋」としてプラスの記号をつけます。

プラスの方がマイナスよりも上位となります。

次の例では、どちらも「いいね＋」で同点です。プラス同士で同点の場合は、MJ 評価よりも高い評価の割合に注目して、その大きさで順位を定めます。

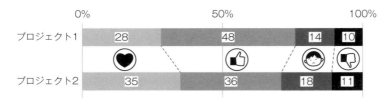

プロジェクト 1 よりもプロジェクト 2 において「いいね」よりも高い評価の割合が大きい（28％対 35％）ので、プロジェクト 2 の方が上位となります。

マイナス同士で同点の場合は、MJ 評価よりも低い評価の割合に注目して、その割合が少ない方を上位と定めます。

以上によって、すべてのプロジェクトの間で順位を定めることができます。このルールが満たす性質や、なぜこのようなルールなっているのかの理由は、Balinski and Laraki（2010）の 13 章と 14 章で詳しく議論されています。

あとがき

社会的意思決定の難しさ

　本書では、社会的な意見集約と意思決定の科学について詳しく述べました。特に、EBM（科学的根拠に基づいた医療）、EBPM（科学的根拠に基づいた政策決定）、SDM（共同意思決定）、CDM（集団的意思決定）の理論と応用における具体例をふんだんに紹介することで、実感を伴った理解が深まることを目指しました。

　医学と経済学という、一見遠く離れた分野の共通点に焦点を合わせることで、他に類を見ない書物になっていると思います。広くまたがる応用分野に共通する本質を明示することによって、社会的意思決定における核心的な構造を浮き彫りにできていれば幸いです。

　多様な価値観や意見、情報、選好を持つ人々が集まって集団的な決定をするのは難しいことです。その難しさを自覚した上で、望ましい決定を導くための工夫や制度について詳しく知ることは、様々な立場のステークホルダーにとって重要だと私たちは考えます。多くの人にとって、本書がよりよい意思決定について深く考え実践するきっかけになることを願っています。本文中では、できる限り原典や文献を明示しました。より深く考え学ぶための参考にしていただけると思います。学術結果については、できるだけ新しいものを紹介できるよう心がけました。

　しかし、研究は日進月歩で進んでいます。限られた紙数のもとで古典的な理論から最新の研究結果までを網羅的に紹介することは容易ではありません。

　そこで最後に、より長期的な視点から今後の集団的意思決定と制度設計の展望について簡単に触れておきたいと思います。

データを使った「最適な」意思決定

　本文中で触れた集団的意思決定の問題では、制度設計の工学的な性質

について詳しく紹介しました。近年、周波数オークションや学校選択、腎臓移植におけるドナー交換など、オークションとマッチングに代表されるマーケット・デザインが注目を集めています。その成功の背後には、精緻なデータ分析に基づいた制度設計を通して、問題を工学的に捉えて最適解を導くという手法が有効だという構造があります。目的関数によって表現された社会選択の目標を達成するために、制度を細部まで微調整（ファインチューン）していくという設計方法が、工学的な手法と相性が良いのです。飛行機やロケットを設計するのと同様に、社会制度も工学的に設計できる、という考え方です。

　さらに、機械学習や深層学習の手法が発達していくことによって大量のデータを用いた分析が可能になれば、制度設計の性質も本質的に変わっていく可能性があるでしょう。本書で紹介したような投票や意思決定の工夫に頼らなくても、自動的に「最適な」決定をしてくれる機関や制度を構築できれば、投票や議会などの面倒な制度を用いる必要はなくなる日が来るかもしれません。

　このような「新しい」形の集団的意思決定は、大きな可能性を秘めています。例えば、分野や政策ごとに委任者や委任する権限を変えられる液体民主主義（liquid democracy）や移譲民主主義（delegative democracy）はオンライン投票と相性が良く、テクノロジーの発展に伴って活用の可能性が増えるかもしれません。

　また、DAO（decentralized autonomous organization、分散型自律組織）の研究も進んでいます。集権的な運営者に頼ることなく、ブロックチェーン技術を用いたスマート・コントラクトを上手に活用することによって、透明性の高い意思決定を行うことができるかもしれないと期待されています。

　さらに注目に値するのが、データを積極的に用いて「最適な」決定をアルゴリズムによって導くという意思決定方法です。デモクラシーに取って代わる「アルゴクラシー」や「データ民主主義」と呼ばれることもあります。大量のデータから人々が「本当に望むこと」を読み取り、

「望ましい」決定をアルゴリズムによって導き出すという考え方です。画像認識でスマホやドアのロックを解除したり、がん細胞の早期発見や自動運転をするように、大量のデータ処理によって「良い」決定の自動的な算出をアルゴリズムに任せられるようになれば、紙による投票や政治家の選出、議会での決定などといった面倒な作業は必要なくなるかもしれません。

　では、果たして近い将来、IT技術の進歩は現状の民主主義の欠点を補って、本質的に新しい民主主義を提示できるのでしょうか？

その「インプット」は正しいのか？

　筆者たちは、まだまだ超えなくてはならない壁がたくさんある、と考えます。本文中でも強調した通り、集団的意思決定においては、人々の本当の選好や意見、情報を外部から観察できない場合がほとんどで、そのような場面で公平なルールを作るのは容易ではありません。ギバード・ザッタースワイトの定理によって定式化されるように、私的情報のもとで正直者が馬鹿を見ない（耐戦略性を満たす）ルールは論理的に存在しないからです。その意味で、私的情報の観察不可能性は本質的な問題です。

　アルゴクラシーでは、日常の行動に現れる「無意識な」行動結果をインプットにすることによって、その問題の解決を目指します。市民の無意識な選択行動には正直な選好や情報が反映されていて、その大量のデータを処理することで個人によって良い選択を算出し、それを集約すれば社会にとって「本当に望ましい」選択肢を提案できる、という考え方です。

　そのような制度では、インプットの無意識性が決定的に重要です。なぜなら、ある個人や集団が自分たちにとって有利なアウトプットを促したい場合、本当にその人たちの選好が社会的に重要である必要はなく、アルゴリズムによって重要であると認識されれば十分だからです。このとき、一部の利害関係者が意図的にアルゴリズムの価値判断に影響を及

ぼしたいと望む誘因が生まれてしまいます。例えば、選好の強さに基づいて最適な議決権を決めるアルゴリズムがあったとして、ある集団がより多い議決権を得るためにはその集団の真の選好が社会的に重要である必要はありません。そうアルゴリズムに信じさせることができれば十分です。より明示的な例としては、大量の購買データから商品の「本当の」レーティングを決めるアルゴリズムが考えられます。実際に商品価値が高くなくても、アルゴリズムが高いレートを弾き出してくれれば生産者にとっては十分です。このとき、メーカーが一部のユーザーに対して「望ましい」行動に報酬を支払う誘因を持つかもしれません。アルゴリズムがどのように価値判断をするのかというルールが公表された場合、一部の利害関係者が有利なアウトプットのためにインプットを意識的に操作したいと考えるのは、むしろ自然であるとさえ言えます。

　では、そのような故意の操作を避けるためにはアルゴリズムを非公開にすればいいでしょうか。実際、現状レーティングサイトの多くがアルゴリズムを公開していないのも、このような意図的な操作を避ける必要があることの証左と言えます。しかし、もし公共的な決定でアルゴリズムを非公開にしなければならないのであれば、透明性との両立は本質的に不可能ということになります。

　したがって、大量のデータ処理に基盤をおく「無意識アルゴクラシー」においては、アルゴリズムに価値判断を「教える」段階における意識的な操作と、アルゴリズムの透明性の間にある構造的な問題を解決することが致命的に重要です。

過剰な利益誘導が起こる可能性は

　この問題は、近い将来、データ処理技術の桁違いの進歩によって解決されるでしょうか？　現時点で、世の中にあふれるデータの偏向度合いと人工知能の性能を考えると、まだまだ高い壁がいくつもそびえているように思えます。したたかな戦略を駆使する集団によって利益誘導が行われていないと誰もが信頼できるアルゴリズムを獲得するためには、そ

のような利益誘導戦略が割に合わないようにアルゴリズムの価値判断部分を設計しなければいけません。

　過剰な利益誘導が「本当の選好」を導出する妨げになるのは明らかでしょう。一方で、あらゆる利益誘導を悪であると断定してしまうと、一般的なマーケティングさえ禁じられてしまうかもしれません。では、どこまでが「悪い」利益誘導で、どこからは「良い」利益誘導なのでしょうか？　そのような線引きや価値判断は誰が行うべきでしょうか？　技術が進めば、アルゴリズムの監視、調整までもアルゴリズムに任せることができる、という反論が聞こえてきそうです。ではそのアルゴリズムの監視、調整は誰が行うのでしょうか？　本質的な解決は容易ではなさそうです。

　結局のところ、世の中の多様な集団的意思決定において、どのような性質を持つものがアルゴクラシーに向いているのか、という問題を私たちは考えていく必要があるようです。公的なルールを改正したり、私的なアルゴリズムのパラメータを調整するにあたって、社会的な合意をとりながら段階的に行っていく過程から目を逸らすことはできそうにありません。

個人レベルのリテラシーが危機を救う

　そこで、本文中でも強調した通り、個人レベルのリテラシーがますます重要になることは間違いありません。どのような意思決定においてはアルゴリズムに任せてもよい、その調整や監視を公的あるいは私的な機関に任せてもよいかどうかを判断するのは、結局は個人の声の集約です。集団的意思決定におけるエビデンスの使い方、ルールの定め方について、私たち個人のそれぞれが熟慮と熟議を通して、注意深く意見を形成していかなくてはなりません。アルゴリズムがうまく働くためには、それを監視する肥えた目が必要不可欠です。

　私たちの意思決定にとって非常に有用になってくれる可能性を大いに秘めているアルゴクラシーは、使いようによっては社会構造に深刻な悪

影響を及ぼすモンスターになる恐れも持っています。このような近未来のリヴァイアサンの暴走を防ぐには、意見集約を通した集団知を安全弁として用いるしかありません。その基礎となるのが個人レベルのリテラシーです。アルゴリズムに丸投げして考えることをやめるのではなく、面倒ではありますが、ああだこうだと議論を繰り返して個人レベルのリテラシーを高く保つことが、健全な社会的意思決定の基礎だと言えるでしょう。

ジョン・ロールズの「無知のヴェール」

　最後に、アルゴクラシーの可能性を判断する際に有用かもしれない概念を紹介して、本書を終わります。『正義論』を記したジョン・ロールズ（John Rawls, 1921-2002）が提唱した「無知のヴェール」です。社会の法や制度の根本となる正義の原理は、社会の成員の合意に基づいて承認されなければならない、その合意を形成する原理を導くものとは何か、と問う際に思考実験として用いられる概念です。無知のヴェールは、自分や他人が持つ財産、才能、環境、運、などに関する情報を隠します。そのような知識がないときに、人々は社会秩序の平等性や公正性をどう判断するのか、という問題を考えます。各個人が置かれている立場や状況に基づいて社会秩序の価値判断をするのではなく、自分が裕福なあるいは低所得の家庭に生まれるかもしれない、才能や運に恵まれてあるいは乏しい状態で生まれるかわからない、という状態で（あえてヴェールの裏側から見たときに）どのような社会が望ましいのかを考えるとすれば、人々は最も望ましくない状況にある個人の最大利益を考えるという格差原理に合意するはずだ、とロールズは論じます。

　本文中でも紹介したメカニズム・デザインの文脈では、無知のヴェールは選好の確率分布や私的情報に関する微細なデータをあえて忘れることによって、メカニズムに関する原則的な性質を導く際に用いられます。公共性が高い社会決定を行う機関を設計する際には、意図的にヴェールの裏側から見ることによって、事実解明的分析（positive analysis、社会における具体的な事象の解明を論じる）よりも規範的分析（normative analysis、社会とはそもそもどうあるのが望ましいかを論じる）を行うことができます。

　上述のアルゴクラシーを見ると、データから最大限に有用なメッセージを取り出し「よりよい」意思決定を構成していく姿勢は、事実解明的分析に大きく重心を置いていることがおわかりでしょう。しかし、社会科学においては両者が補完的に行われることが重要です。データに大きく依存した事実解明的分析だけに立脚するのではなく、確率分布や選好などに関する詳細な知識に依存しない規範的分析によって「のみ」明らかにできる原則があることに留意しておきたいところです。データを用いることはもちろん重要ですが、事実解明的分析に過度に依存することは危険です。ここでは、規範的分析の重要性を指摘しておきたいと思います。

多数決には大きな問題がある

　最後になって、本書の題名にある「多数派の専横を防ぐ」の意味も明らかになってきたかと思います。ロールズは無知のヴェールを用いて、最も恵まれない人々の最大利得を目指すという原則を打ち立てました。社会厚生関数において、これはベンサム（Jeremy Bentham, 1748-1832）の流れをくむ功利主義の対極に位置する概念です。もし功利主義の一元的な目標を達成するのであれば、多数派の意見に従うのが最適解です。しかし、多数派の意見を最優先する多数決には多くの問題があることがわかっています。功利主義をある程度犠牲にしてでも多数派の専横を防ぎ、少数派の意見が尊重されるような世の中を目指す、そのような意思決定の原則を良しとする、というのが、ロールズの正義論に通じる考え方です。それは異分野で研究する二人の筆者に共通する理念でもあります。その理念のもとで、どのような科学的手法が有用なのかを明らかにしたい、という望みが本書の源流になっています。

　本書では多くの例を紹介しました。パリ市の参加型予算におけるマ

226

ジョリティ・ジャッジメントのように、数学的性質のみならず意思決定への関与そのものを通して投票者の満足度を高めるなど、新しい試みも増えてきました。ゆっくりではありますが、確実に制度設計の具体的な社会実装は進んでいると思います。理論と実践について理解しなければいけないことがまだまだ山積していますが、世界中の研究者や実務家の努力で着実に、こうした制度設計の具体的な社会実装は進んでいて世の中が変わりつつあります。

　本書が、一人でも多くの読者にとって、よりよい意思決定について考えを深め、社会実装を進めていくきっかけになれば幸いです。

　最後になりましたが、本書を執筆するにあたり、多くの人との議論を通して刺激と触発を受けました。特に、金子守先生、船木由喜彦先生、Tommy Andersson 氏、Jean-François Laslier 氏、師匠であるピーター・フランクル氏に心より感謝いたします（郡山）。公衆衛生研究や非営利活動でお世話になってきた京都大学名誉教授の川村孝先生、「すずかんゼミ」で常に新しい視野を学ばせていただいている東京大学公共政策大学院教授の鈴木寛先生に衷心より感謝いたします（宮木）。お忙しい中コメントをくださった大竹文雄先生に深く御礼申し上げます。日経 BPの細谷和彦さんには長期にわたり忍耐強くお力添えをいただきました。ここに深い感謝を表します。

　2023 年 3 月

郡山幸雄
宮木幸一

参考文献

第4章
1．社会あるところに集団的決定あり
- Makoul G., M. L. Clayman, 2006, "An integrative model of shared decision making in medical encounters," *Patient Education and Counseling* 60, 301-312.
- Arrow K., 1951, (3rd ed. 2012) "*Social Choice and Individual Values*," Yale University Press.
- Gibbard A., 1973, "Manipulation of Voting Schemes: A General Result," *Econometrica* 41(4), 587-601.
- Satterthwaite M. A., 1975, "Strategy-Proofness and Arrow's Conditions: Existence and Correspondence Theorems for Voting Procedures and Social Welfare Functions," *Journal of Economic Theory* 10, 187-217.
- Black D., 1948, "On the Rationale of Group Decision-making," *Journal of Political Economy* 56(1), 23-34.

2．意見集約の様々な工夫
- Plott C.R., 1976, "Axiomatic Social Choice Theory: An Overview and Interpretation," *American Journal of Political Science* 20(3), 511-596.
- Balinski M., R. Laraki, 2010, "*Majority Judgment*," MIT Press.
- Baujard A., F. Gavrel, H. Igersheim, J.-F. Laslier, I. Lebon, 2018, "How voters use grade scales in evaluative voting," *European Journal of Political Economy* 55, 14-28.
- 坂井豊貴, 2015, 『多数決を疑う』岩波新書.
- Kahnemann D., A. Tversky, 1979, "Prospect Theory: An Analysis of Decision under Risk," *Econometrica* 47(2), 263-292.
- Myerson R.B., 2002, "Comparison of Scoring Rules in Poisson Voting Games," *Journal of Economic Theory* 103, 219-251.
- Kabre P. A., J.-F. Laslier, K. Van Der Straeten, L. Wantchekon, 2017, "I Voted for Peace: An Experiment on Approval Voting in Benin," *mimeo*.

3．理論を上手に用いる
- Borel E., 1921, "La théorie du jeu et les équations intégrales à noyau symétrique," *Comptes rendus hebdomadaires des séances de l'Académie des sciences*, 173:1304–1308.

- Von Neumann, J., 1928, "Zur Theorie der Gesellschaftsspiele," *Mathematische Annalen*, 100:295–320.
- Lasker E., 1907, "*Kampf*," New York: Lasker's Publishing Co. (Reprinted in 2001).
- Leonard R., 2010, "*Von Neumann, Morgenstern and Creation of Game Theory: From Chess to Social Science, 1900-1960*," Cambridge University Press.
- Von Neumann J., O. Mörgenstern, 1944, "*Theory of Games and Economic Behavior*," Princeton University Press.
- Felsenthal, D. S., M. Machover, 2008, "The Majority Judgment voting procedure: a critical evaluation," *Homo oeconomicus*, 25, 319-334.
- Koriyama Y., J.-F. Laslier, A. Macé, R. Treibich, 2013, "Optimal Apportionment," *Journal of Political Economy* 121(3), 584-608.

4．人のココロにひびく施策

- Kikuchi K., Y. Koriyama, 2022, "The winner-take-all dilemma," forthcoming in *Theoretical Economics*.
- 松井彰彦, 2002, 『慣習と規範の経済学』東洋経済新報社.
- Jenkins S., Micklewright, J., Schnepf, S., 2008, "Social segregation in secondary schools: how does England compare with other countries?," *Oxford Review of Education* 34(1), 21–37.
- Gutiérrez G., J. Jerrim, R. Torres, 2020, "School Segregation Across the World: Has Any Progress Been Made in Reducing the Separation of the Rich from the Poor?" *Journal of Economic Inequality* 18, 157-179.
- Cullen J. B., M. C. Long, R. Reback, 2013, "Jockeying for position: Strategic high school choice under Texas' top ten percent plan," *Journal of Public Economics* 97, 32-48.
- Esteban F., T. Gall, P. Legros, A. F. Newman, 2018, "The Top-Ten Way to Integrate High Schools," *mimeo*.
- Hafalir I., S. Pan, K. Tomoeda, 2022, "Optimal Top-n Policy," *mimeo*.
- Gneezy U., A. Rustichini, 2000, "A Fine is a Price," *Journal of Legal Studies* 29(1), 1-17.
- Deci E. L., R. Koestner, R. M. Ryan, 1999, "A Meta-Analytic Review of Experiments Examining the Effect of Extrinsic Rewards on Intrinsic Motivation," *Psychological Bulletin* 125(6), 627-68.
- Cameron J., K. M. Banko, W. D. Pierce, 2001, "Pervasive Negative Effects of Rewards on Intrinsic Motivation: The Myth Continues," *The Behavior Analyst*

24, 1-44.

- Cameron J., W. D. Pierce, 1994, "Reinforcement, Reward, and Intrinsic Motivation: A Meta-Analysis," *Review of Educational Research* 64(3), 363-423.

- Levitt S. D., J. A. List, S. Neckermann, S. Sadoff, 2016, "The Behavioralist Goes to School: Leveraging Behavioral Economics to Improve Educational Performance," *American Economic Journal: Economic Policy* 8(4), 183-219.

- Ariely D., A. Bracha, S. Meier, 2009, "Doing Good or Doing Well? Image Motivation and Monetary Incentives in Behaving Prosocially," *American Economic Review* 99(1), 544-555.

- Gibbard A., 1977, "Manipulation of Schemes that Mix Voting with Chance," *Econometrica* 45(3), 665-681.

- Eliaz K., A. Rubinstein, 2014, "On the fairness of random procedures," *Economics Letters* 123, 168-170.

【著者紹介】

郡山幸雄 （こおりやま・ゆきお）

フランス、エコール・ポリテクニーク経済学部教授
1974年大阪生まれ。灘中学・灘高等学校、東京大学理学部数学科卒業。
同大学大学院数理科学研究科修士課程修了。エコール・ポリテクニーク留学中にゲーム理論に出会い、数学から経済学に転向する。シカゴ大学経済学部ではロジャー・マイヤーソン氏（2007年ノーベル賞）指導のもと2008年博士号取得。同年よりエコール・ポリテクニークにて教鞭を取る。専門は集団的意思決定理論で、ゲーム理論、実験経済学、行動経済学を用いて社会的意思決定メカニズムの分析、とくに投票理論の研究に取り組む。
フランス、アメリカのほか中国、南アフリカに在住し75カ国に滞在した経験から、広い視野を持ってよりよい民主的意思決定理論の発展と実践を目指す。趣味の大道芸ではピーター・フランクル氏に師事し、これまで38カ国で大道芸を披露した。

宮木幸一 （みやき・こういち）

東京大学公共政策大学院特任教授／京都大学大学院地球環境学堂客員教授
1974年大阪生まれ。灘中学・灘高等学校、慶應義塾大学医学部卒業。EBM（根拠に基づく医療）に関心を持ち、2006年同大医学部の公衆衛生学分野（Public Health）で博士号を取得。京都大学医学部講師、北里大学医学部准教授、国際医療福祉大学医学部教授、名古屋大学予防早期医療創成センター客員教授を経て、現職。障害者の就労支援や主観的生産性を評価するプレゼンティーズム指標の普及支援といった非営利活動と並行し、メンタルヘルス診療や産業医としての助言、内閣府 well-being ダッシュボードを活用したコホート研究、ブロックチェーン技術の投票システムへの応用研究など、公共政策分野（Public Policy）の研究に取り組んでいる。
保護犬含む犬6頭の飼育歴を持つ愛犬家、関西棋院囲碁四段、医師、医学博士、文部科学省Dマル合資格（博士論文指導可能教員）。

（上記はすべて出版当時の情報です）

多数派の専横を防ぐ

意思決定理論と EBPM

2023 年 3 月 24 日　　1 版 1 刷

著　者	郡山　幸雄
	宮木　幸一
	©Yukio Koriyama, Koichi Miyaki, 2023
発行者	國分　正哉
発　行	株式会社日経 BP
	日本経済新聞出版
発　売	株式会社日経 BP マーケティング
	〒 105-8308　東京都港区虎ノ門 4-3-12
装　幀	野網雄太
DTP	マーリンクレイン
印刷・製本	シナノ印刷

ISBN978-4-296-11735-2